Emmanuelle
de Boysson

Que tout soit à la joie

Roman

Éditions Héloïse d'Ormesson

www.editions-heloisedormesson.com

ISBN 978-2-35087-522-4

À Rose.

Qui donc a rendu
Leurs couleurs perdues
Aux jours aux semaines
Sa réalité
À l'immense été
Des choses humaines

« Il n'aurait fallu », *Le roman inachevé*, Louis Aragon.

On est souvent trompé en amour, souvent blessé
et souvent malheureux ; mais on aime, et quand
on est sur le bord de sa tombe, on se retourne
pour regarder en arrière, et on se dit :
j'ai souffert souvent, je me suis trompé quelquefois,
mais j'ai aimé. C'est moi qui ai vécu, et non pas
un être factice créé par mon orgueil et mon ennui.

On ne badine pas avec l'amour, Alfred de Musset.

1

SUR MON BUREAU, MON PETIT FOUTOIR HABITUEL : des stylos-feutres rouges et noirs, le brouillon de ma dissertation à rendre mardi matin, un yaourt 0% à l'ananas et une barquette de carottes râpées. Le dimanche, la plupart des étudiantes du foyer rentrent chez elles, et je me sens un peu seule dans cette chambre sous les toits où j'ai à peine la place d'aller de la table au lit, du lit à l'armoire. Cette chambre semblable à celles où le tic-tac d'une pendule m'obsédait lorsque, au temps des siestes imposées, je regardais les mouches embrasser le plafond. Il doit être seize heures cinq ou douze. Ma montre retarde un peu. Mieux vaut ne pas arriver en avance chez Solange Dumontel qui m'a invitée à un goûter-dîner avec ses enfants : elle pourrait me trouver sans-gêne. Quand je lui ai téléphoné, elle m'a appelée « ma chérie » et a vite raccroché. J'ai dû la déranger : elle a accepté de me recevoir par politesse, pour faire plaisir à maman, sa vieille amie de classe. J'ai peur d'être intimidée par cette famille si « lancée », comme on dit. Et, cerise sur le pudding, le fils aîné est à Polytechnique ! À part ma cousine, mes grands-parents, oncle Paul et une fille d'hypo-khâgne, je ne connais personne à Paris. Le week-end dernier, à Mulhouse, maman m'a prévenue : le mari de Solange est mort dans un accident d'avion, il y a deux ans. Quatre enfants, un drame. Mon père a souri : « Elle a un charme fou, elle ne restera pas longtemps veuve. » Ma mère lui a fait remarquer que Solange représentait une menace pour les femmes mariées.

Elle m'a conseillée d'être réservée afin d'avoir plus de chances d'être réinvitée. Réservée, elle le répète souvent, comme s'il fallait que je m'efface, me taise, me retienne, dans l'attente d'être enfin prête, une attente qui pourrait durer jusqu'à la fin de mes études, jusqu'à ce que je sois moins influençable, moins égoïste, moins émotive. Cette soirée me changera des bûcheuses, ces boutonneuses qui fayotent dans l'espoir d'entrer à Normal Sup. C'est la faute à mon grand-oncle, Paul Dantec, qui a voulu que je m'inscrive à Sainte-Marie au lieu de préparer une licence de lettres à la Sorbonne. Un vieux réac ! Dans le salon de ma grand-mère, il m'a lancé de sa voix chevrotante : « Un excellent niveau, des professeurs remarquables. » Pas faux, elles sont finalement assez calées, ces demoiselles. Elles ont même fait des vœux afin de se consacrer à l'éducation des jeunes filles de bonne famille – un enseignement exigeant, allié à une formation morale. Oncle Paul vient souvent célébrer la messe au collège ou donner une conférence. J'espère ne pas le croiser : il va sûrement me demander si je me plais, si j'ai de bons résultats. Moi, je balance entre le missel et Jean-Paul Sartre. Un huis clos. Si j'étais en fac, au lieu de m'enfermer avec Bachelard, je me baladerais au Quartier latin, j'entrerais dans un café enfumé où un étudiant aux cheveux longs écrirait des poèmes. Au fond de la salle, je ferais mine de lire un roman, et il lèverait vers moi ce regard un peu flou du binoclard, celui qui cherche un détail, une image toute simple pour dire ce sentiment si confus et si doux qu'il caresse, cette mélancolie qu'il chérit, tel un vieux jouet. Je donnerais toute la philo, l'histoire, le grec et le latin pour rire quelques instants de ses vers de mirliton et sortir de cette volière.

Ma cousine, Camille, n'est plus la même. Il y a un an, elle s'est mariée avec Pierre-Alexandre, un grand mariage en robe d'organdi, enfants d'honneur en liberty. Elle venait d'avoir dix-huit ans. Sa mère avait loué le château de Montrésor : un vrai rallye mondain. Elle habite rue de la Pompe, dans un appartement cossu avec parquet, moulures, rideaux de taffetas mauve, fauteuils assortis. Lorsque je suis allée la voir, il y a dix jours, elle préparait des cartons d'invitation pour un dîner de douze couverts. Mini-jupe en daim, pull mousseux, longue chevelure brune lâchée, elle rayonnait. Elle sort tous les soirs : cocktails, vernissages, fêtes de famille. Je ne l'envie pas. Trop de mondanités, de chichis, de snobs qui gravitent autour d'elle. Elle veut créer une boîte d'événements. Je suis sûre qu'elle réussira : elle arrive toujours à ses fins. Moi, je ne sais pas encore ce que je ferai plus tard. Je me suis inscrite à un cours de théâtre, le cours Laporte, rue Vavin. J'y vais deux fois par semaine et j'envisage de préparer la Rue Blanche et le Conservatoire. Mes parents m'ont déconseillé de me lancer dans cette voie, mais quand je me cache derrière les rideaux du petit théâtre avant de dire ma réplique dans *La Mouette*, mon cœur s'emballe, je deviens une autre, une actrice.

À dix-sept heures, j'enfile mon pull framboise et dessine un trait de khôl autour de mes yeux. Sister Emily, la directrice du foyer, surgit du parloir, les bras croisés sur son châle. Le visage bandé d'un voile blanc, elle a le teint laiteux des Anglaises, raffole des yaourts périmés et des fruits avariés. D'une voix doucereuse, elle s'étonne que je ne sois pas descendue pour le brunch. Je prétexte un mal au ventre. Ses yeux clairs sourient : « Vous mangez comme un oiseau, Juliette. » Sa longue jupe grise volette.

De crainte d'être en retard, je cavale de la rue Perronet à la station de métro Les Sablons. Place des Ternes, je suis Nina au moment où elle dit adieu à Trigorine, avant de partir pour Moscou. Je me récite en boucle le passage que j'ai appris par cœur au cas où M. Laporte, mon professeur, me demanderait de monter sur scène vendredi prochain : *Depuis des milliers de siècles, la Terre ne porte plus d'être vivant et cette pauvre Lune allume en vain sa lanterne…* La plupart du temps, je me contente de regarder les élèves jouer. M. Laporte n'hésite pas à les rudoyer. La dernière fois, il a obligé un garçon à mordre le mollet d'une fille afin qu'il lui déclare son amour avec plus de sincérité. Comme l'écrit Diderot dans son *Paradoxe sur le comédien* : *C'est le manque absolu de sensibilité qui prépare les acteurs sublimes.*

J'ai eu du mal à trouver le 118, avenue de Courcelles, où se dresse un immeuble haussmannien de pierre blanche. Devant un porche gris aux poignées dorées, je fouille dans les poches de mon sac à la recherche du bout de papier où j'ai noté le code. Comment ai-je pu l'égarer ? La perspective de devoir rentrer au foyer me semble la pire des punitions. Soudain, une dame en vison s'approche et la porte s'ouvre, comme par miracle. Au troisième étage, rien n'indique si les Dumontel habitent à droite ou à gauche, mais le paillasson de droite me paraît plus accueillant.

À peine ai-je sonné qu'une brune pulpeuse montre son nez et me dévisage d'un regard espiègle.

– Ah, te voilà, Juliette ! On se demandait si tu viendrais.

– Désolée, j'ai un peu cherché. Excuse-moi, je ne sais plus comment tu t'appelles.

– Moi, c'est Dune, je suis la troisième. On a dû se croiser au collège. Suis-moi, c'est par là.

D'un geste de la main, elle me fait comprendre qu'elle est pressée de retrouver les siens. Et je me dis qu'elle doit penser : on est bien entre nous, aucune envie de faire un effort pour l'invitée de maman. « Jean-Michel va arriver », lance-t-elle d'une moue amusée, un rien mystérieuse, et lorsqu'elle s'achemine d'un léger dandinement des hanches vers le couloir qui mène à la cuisine, je me surprends à m'accorder à son rythme, troublée par sa sensualité, sa façon de savourer chacun de ses mots.

Autour d'une table en bois, des chevelures se mêlent au point que je n'arrive pas à distinguer Solange, la mère de Dune, de ses trois filles. Elles dégustent des croissants qu'elles trempent dans du chocolat chaud, rient, se délectent, si bien ensemble que je crains de les ennuyer. Solange lève la tête, sourit, un sourire qui se prolonge, celui d'une femme heureuse au beau visage éclairé de grands yeux en amande. Elle vient vers moi, m'embrasse : « Bonjour ma chérie. C'est fou ce que tu ressembles à ta mère ! » Son parfum fleuri, quelques gouttes de Guerlain – n'est-ce pas ? –, sa manière élégante de m'indiquer une chaise, lui donnent ce charme distingué des femmes de son milieu, mais je devine, à sa gaieté, qu'elle cache une liberté, une féminité qui m'échappe et m'attire à la fois. Adèle tend les bras, et me jette un « Salut » en bâillant. D'une pirouette de danseuse, elle attrape une tasse, me sert un chocolat. Longue liane, elle parle avec l'assurance tranquille des aînées. Son nez aquilin, qu'adoucissent des joues rondes, en impose, et lorsqu'elle chuchote à l'oreille de la petite dernière, blondinette fraîche comme une rosière, je les soupçonne de se moquer de moi. Alors que Solange raconte en riant qu'il lui arrive de s'incruster dans des dîners, un jeune homme en uniforme de polytechnicien apparaît. D'un regard bleu pétillant, il semble couvrir d'une aile protectrice sa petite famille. Avec sa mèche blonde sur la tempe, il a quelque chose de Clint Eastwood, une sorte de gouaille en plus, et quand il sourit, un peu niais, ses sœurs s'exclament en chœur: «Jean-Michel!», en lui sautant au cou. Peu habituée aux effusions, je m'étonne qu'il les serre sur sa poitrine, leur caresse les cheveux, leur chante qu'elles sont belles, avant d'enlacer sa mère, comme s'il revenait d'un long voyage, alors qu'il s'échappe de l'X où il a l'air de s'ennuyer. Chez nous, on ne se touche pas. Ma mère ne m'a jamais dit: «Je t'aime», car elle ne sait pas le dire. L'amour, nom de Dieu, je le voyais pointer là, mine de rien.

Lorsque Solange me présente: «La fille de mon amie, Blanche Monin», Jean-Michel lâche un: «Bienvenue au club, fillette» qui me refroidit. Comme si elle l'avait senti, Solange ajoute: «Nous sommes ravis de te recevoir. Je sais que tu es un peu isolée à Paris, mais tu peux venir ici quand tu veux.» Jean-Michel penche la tête et je crois lire dans ses pupilles un mélange de timidité et de malice qui me déconcertent. Un instant plus tard, il raconte sa virée, le week-end dernier, vers Molène. Ils étaient deux à bord. Une épopée: le vent s'est levé, la mer était déchaînée, le mât s'est brisé, ils ont dessalé. Ses sœurs s'emballent, sa mère s'inquiète, mais il éclate de rire et lui dit qu'elle n'a rien à craindre, qu'il repartira, si Dieu le veut. Alors qu'il s'éclipse, Adèle se met à empiler les assiettes et me regarde avec une pointe de reproche. J'en déduis qu'il me faut débarrasser les tasses. Mes mains tremblent, un bol m'échappe, se casse sur le carrelage. « Ce que tu es maladroite », fait Adèle. J'ai toujours été maladroite, ma principale qualité. Soulagée que son frère ait quitté la pièce, je passe la balayette, rassemble les morceaux et file vers la chambre de Dune.

La porte de celle de Jean-Michel est entrouverte. Avachi sur son lit, il a troqué son uniforme pour un jean et une chemise bleue. La pièce empeste le canasson. Au mur, du papier peint écossais, la maquette d'un trois-mâts ; sur le sol, un tas de vêtements et une pile de magazines. Pieds nus dans des mocassins à glands, il porte au poignet une montre marine, autour du cou, une chaînette avec une médaille de communion. Clope au bec, il tapote le matelas pour que je m'assoie près de lui. Lorsqu'il m'avoue qu'il est entré à l'X pour faire plaisir à sa mère, son sourire, qui m'avait paru benêt au premier abord, semble masquer je ne sais quelle tristesse, sans doute celle d'être devenu trop tôt chef de famille ou d'être obligé de se soumettre à une discipline quasi militaire. « Tu sais, je suis bien plus attiré par la politique que par l'entreprise. Il y a beaucoup à faire pour libérer le pays de ses carcans, à la Chaban », déclare-t-il avec une aisance un peu emphatique qui me grise. Même si je n'aime pas Chaban, je lui dis qu'il a raison mais que je suis plutôt socialiste, comme mon grand-père. D'une main mollassonne, il saisit une revue nautique, la feuillette. Afin d'attirer son attention, je lui demande s'il possède un voilier. Il soupire : « Évidemment, je ne pourrais pas naviguer sur le bateau d'un autre. Avec un ami, nous avons pu acheter un quat'vingt d'occase, un dériveur parfait pour les régates. » Le voilà reparti sur les manœuvres en mer, l'empannage sous spi, les prises de ris, le lof pour lof. Moi qui ne suis montée qu'une seule fois sur un Optimist, un été dans le Midi, je n'y comprends rien, mais je l'envie de prendre le large, à la barre, scrutant l'océan, une mouette moqueuse à l'épaule, la peau desséchée par le sel des embruns. « À mon avis, tu confonds le foc et la grand-voile », dit-il en me pinçant la joue. Le bateau tangue, j'ai le mal de mer, je cherche un bon mot pour le faire rire, mais rien ne vient. Je me souviens alors que son père est mort dans un petit avion et lui demande à mi-voix où a eu lieu l'accident. Il tire la dernière Marlboro de son paquet, aspire longuement la fumée : « Près de chez nous, en Bretagne. » Il me parle ensuite de son père, ce héros. Engagé dans la Résistance à dix-sept ans, déporté à Auschwitz, il lui avait montré son tatouage en lui faisant promettre de se donner pour devise le mot de Churchill : *We shall never surrender*. Comme s'il voulait se protéger d'un chagrin encore à vif, Jean-Michel fait le V de la victoire avant de se gratter l'oreille.

– Que devient le père Dantec ? Quand j'étais petit, il venait de temps en temps dîner chez nous : un homme exceptionnel, dit-il avec un enthousiasme débordant. Tu sais, mon père lui a confié beaucoup de choses sur les camps de la mort. Avec nous, il restait silencieux. Tu pourrais lui demander de me recevoir ?

– Oncle Paul ? Oui, oui, je lui en parlerai. Tu peux compter sur moi, mais depuis qu'il est cardinal, il n'arrête pas, dis-je avec la crainte que mon grand-oncle soit débordé.

J'imagine Jean-Michel sur ses genoux tandis que son père s'attendrit, attendant que les enfants soient couchés pour tenter de comprendre comment Dieu a pu laisser faire de tels massacres. À cet instant, j'ai l'intuition que quelque chose de plus grand nous lie, quelque chose qui ne s'effacera jamais. Si Jean-Michel voit oncle Paul comme quelqu'un d'exceptionnel, il faudrait que je discute plus souvent avec ce dernier. Jean-Michel se replonge dans sa revue et je voudrais qu'il me serre dans ses bras. De peur que ses sœurs s'aperçoivent de mon absence, je sors de sa chambre à reculons et me glisse dans celle de Dune. Penchée sur une feuille à gros carreaux, elle mordille la gomme au bout de son crayon à papier :

– Où étais-tu passée ? Avec maman, on est en train d'organiser les fiançailles d'Adèle.

– Elle se fiance déjà ? Avec qui ?

– Une particule, minaude Dune. J'espère que ça ne va pas donner des idées à Jean-Michel.

– Pourquoi tu dis ça ?

– Il sort avec Bijou depuis trois mois, un record !

En entendant ce « Bijou », je la regarde, déconfite, suspendue à un fil, me demandant qui se cache derrière ce surnom ridicule. « T'en fais une tête ! Tu ne connais pas Bénédicte Rubis ? Tout le monde l'appelle Bijou », s'agace Dune. Bras croisés, j'imagine une créature longiligne à la chevelure auburn, pareille à Françoise Hardy dont j'écoute en boucle *Je suis moi, j'ai le ciel au bout des doigts*. Tandis que Dune se lime les ongles, je m'éclipse. Derrière la porte vitrée du salon, sur la pointe de ses pantoufles, Solange enlace un homme poivre et sel, la main sur ses fesses.

Au moment où je boutonne ma gabardine, une clef tourne dans la serrure. Une longue fille bronzée-frisottée au visage angulaire, vêtue d'un pull ras-le-nombril, fait rouler ses épaules carrées, à la manière des nageuses. « Désolée, on se croise », jette-t-elle du bout des lèvres. Bras ouverts, Adèle s'élance vers elle : « Bijou ! Tu es là ! C'est le bonheur ! » La porte claque. Au rez-de-chaussée, bigoudis sur la tête, la concierge passe la serpillière sur le carrelage.

L'eau rigole dans le caniveau. Sous un abribus, une vieille dame patiente, son Yorkshire sur les genoux. Je rase les murs jusqu'au métro. À Neuilly, la nuit a avalé la pluie. Personne dans les rues bordées de maisons cosy où l'on dîne en famille, les enfants en pyjama de pilou. Je tire la chaînette d'une petite cloche. Sister Emily déploie ses ailes : « Dépêchez-vous, le dimanche on ferme à vingt-deux heures. Il reste du gratin dans le frigidaire. »

En tailleur sur mon lit, je grignote la croûte infecte et presque moisie d'un morceau de gruyère et la recrache dans la poubelle. Le vent défigure le châtaignier. Mon stylo n'a pas bougé, toujours sur la phrase de Bachelard qui se termine par : *dans l'ombre des saules et des oisières.* L'ombre, je la connais bien, moi qui me suis si souvent réfugiée dans celle du caoutchoutier qu'escaladait mon frère, celle de notre villa marocaine lorsque ma sœur faisait la roue sur l'herbe drue, celle des escaliers de l'école, du préau, du fond de la cour de récréation. L'ombre du chat noir de ma tante qui me poursuit dans un corridor à la lumière tamisée s'est à nouveau infiltrée ce soir au moment où la nageuse est apparue. J'aurais dû m'en douter. Quelque chose clochait. Jean-Michel a beau avoir l'air d'un cow-boy, il est pris, tenu en laisse, et je ne serai pour lui qu'une amie de ses sœurs. Pourtant, il m'a confié ce qu'il ne dit à personne, il m'a chargée d'une mission. Si je veux qu'il m'aime, il faut que je m'intéresse aux idées de Chaban, que je cesse de me comporter en écervelée, que j'arrive à convaincre oncle Paul. Il m'en sera reconnaissant, nous parlerons de lui, de nous. Petit à petit, il saura qui je suis vraiment et il délaissera cette grande bringue qui n'a que son surnom pour plaire. Plus de pâte dentifrice, plus de démaquillant : j'oublie tout. J'enlève mon jean, avant de passer un gant de toilette entre mes jambes et de laver ma culotte au robinet – une habitude que ma mère a adoptée lorsqu'elle était étudiante aux États-Unis. Ce soir, je vais écrire ce qui me vient, jusqu'à ce que mes yeux se ferment : ma dissertation attendra. La lune me fait un clin d'œil.

Le lendemain matin, au collège, Mlle Latreille, la prof de philo, s'enflamme pour Bergson. Ses bras fouettent des mots qui grimpent vers la voûte, son œil gauche atteint d'un curieux strabisme vire à bâbord. Ses mains, ses longues mains décharnées aux doigts tordus tels des pieds de vigne, se joignent, grattent un « on ne sait quoi de métaphorique ». Illuminée jusqu'au bout des ongles, elle prêche, emportée par son sujet. Avec elle, le néant s'éclaire, le rien est dans le tout. Son babillage excite l'intelligence. Tout surprend les béotiennes. Autour de moi, les filles prennent des notes sans lever le nez. La plupart viennent de province. Certaines ont le cheveu gras, quelques restes d'acné, d'autres, les joues aussi fraîches qu'un champ où paissent des vaches normandes. Rien à voir avec Florence. Coupe au carré, menton en galoche et taille mannequin : elle a tout d'une Parisienne qui en veut. L'année dernière, lorsque ma mère m'a inscrite à Sainte-Marie en terminale et que j'ai dû quitter l'Alsace, nous étions dans la même classe. Florence m'avait invitée dans l'hôtel particulier de son père, un ancien ministre dont le chauffeur vient la chercher de temps en temps à la sortie du collège. Mes pensées s'égarent. Je n'écoute plus Latreille. Je défais ma queue de cheval et m'aventure dans les rues tortueuses de la montagne Sainte-Geneviève vers le bistrot où Jean-Michel, accoudé au zinc, souffle sur mes mains.

Latreille me tire de ma rêverie :

– Mademoiselle, pouvez-vous répéter ce que je viens de dire ?

Le professeur se juche sur l'estrade, pointe un doigt vers moi :

– Vous êtes ailleurs.

– Oh, mademoiselle, si vous saviez comme je suis ailleurs.

– Sortez de la classe, cela vous fera réfléchir.

Sabine me jette un regard apitoyé, Florence avale ses joues.

Une longue silhouette se faufile entre les élèves et les demoiselles, les salue nerveusement de la tête, les bouscule au passage, répétant dix fois pardon. Tout ébouriffé, oncle Paul balance un vieux porte-documents comme un encensoir, se prend les pieds dans sa soutane, tourbillonne, brasse l'air. Je cours vers lui, ramassant au passage les feuilles qui tombent en cascade de sa sacoche : « Oncle Paul, attends. » Sourire édenté, il me dévisage derrière les verres épais de ses lunettes cerclées d'écailles et, de sa voix haut perchée aux accents apprêtés, chantonne : « Ma petite Juliette, je suis tellement étourdi, je ne t'avais pas vue. Appelle-moi Paul, c'est moins guindé. Oh ! merci mais je ne vais pas me servir de ces papiers, j'improvise toujours. Ma conférence porte sur la grâce. Essaie de venir la prochaine fois. Alors, cette hypokhâgne ? Le grec et le latin, il n'y a que ça de vrai, vois-tu. Mademoiselle Latreille est épatante, n'est-ce pas ? » J'approuve et en profite pour lui demander si mon ami,

Jean-Michel Dumontel, pourrait lui rendre visite. Oncle Paul se hisse sur la pointe de ses chaussures ratatinées.

– Le petit Dumontel! Je garde un si bon souvenir de ses parents. Il a dû beaucoup changer.

– Il est à Polytechnique!

– Très bien, très bien. Dis-lui que ma porte est ouverte, même si je n'ai pas une minute à moi, ces temps-ci. Figure-toi que je prépare mes Mémoires avec une vieille routarde de l'édition. Des entretiens plutôt, précise-t-il, imitant le rictus de la papesse de Saint-Germain-des-Prés. Je veux avant tout m'adresser aux jeunes. Toi qui aimes écrire, tu devrais un jour raconter l'histoire de la famille.

À ces mots, je le regarde avec un mélange d'appréhension et de gratitude. Alors qu'il file vers la chapelle, je le rattrape, lui remets un paquet de feuilles. Il les fourre dans son cartable, jette: «Dès que mes Mémoires sortiront, je t'en donnerai un exemplaire. On ne se sait jamais: si un jour il m'arrivait malheur.» Je lui dis qu'il ne risque rien, maintenant qu'il va devenir immortel. Ses yeux couleur d'huître scintillent. Il viendra bientôt à Chosang, la maison de campagne de mes grands-parents près de Fontainebleau, se réjouit d'y parler philo avec moi. Avant de disparaître, il lance: «Tu l'écriras ce livre, promis?» Le couloir se vide, soudain plongé dans l'obscurité.

Au fond, il est moins sévère que je ne le pensais. Lui aussi, il a l'air ailleurs, un feu follet. À côté de lui, les demoiselles paraissent bien fades. Pourquoi rédige-t-il ses Mémoires? Sent-il déjà l'appel des ténèbres? Je suppose qu'il veut transmettre ses idées, défendre ses choix. S'il pense que j'arriverai à écrire un livre sur la famille, je le crois, même si je m'en sens incapable, moi qui me contente de tenir un journal depuis l'âge de douze ans.

Dehors, les terminales se concertent sous les tilleuls. Je me faufile vers Dune avant qu'elle me tourne le dos, lui propose de passer le week-end à Chosang. « Pourquoi pas ? Ça me permettra de réviser ma géo au grand air », dit-elle en prenant le bras d'une blonde aux cheveux jusqu'à la taille.

J'ai ma petite idée : si je deviens son amie, elle me verra autrement, parlera de moi à son frère, et il saura que je ne suis pas seulement l'intruse des goûters du dimanche.

2

MON GRAND-PÈRE CONNAÎT LES PETITES ROUTES qui permettent d'éviter l'A6. À l'arrière de la Jaguar où nous sommes confortablement installées, Dune et moi, j'ai un peu mal au cœur et ouvre grand la fenêtre. En arrivant, la voiture crisse sur le gravier et cartonne méchamment le perron de la propriété. Le capot est embouti. Marcel constate les dégâts et s'en va prendre, très calme, un petit remontant : un double scotch.

Longue et blanche, volets verts effrités, la gentilhommière se niche entre la Seine et un parc surmonté de bois auxquels on accède par deux allées de tilleuls. Achetée après-guerre pour une bouchée de pain, elle a gardé son côté champêtre, provincial, à l'image des maisons de famille du Bordelais, où l'on se prélasse sur des fauteuils en rotin en sirotant de la citronnade. Ici, le temps s'est arrêté. Dans l'entrée, je tape trois notes sur un piano désaccordé avant d'entraîner Dune vers la salle de jeux, avec flipper, juke-box, baby-foot, puis à la salle à manger, où ma grand-mère dispose un bouquet d'iris sur la console, pour rejoindre l'escalier qui conduit à la chambre jaune. Chacune son lit à baldaquin caca d'oie. Dune déballe ses affaires, se coiffe à la lionne et se penche à la fenêtre, d'où l'on voit passer des péniches au fil de l'eau. Lorsqu'elle s'étire en se pâmant: « J'adore cette maison. On ira jusqu'à la Seine faire de la barque? » je suis tentée de lui parler de Jean-Michel, mais je me retiens, de crainte de me dévoiler trop vite, même si j'en crève d'envie. Pas le temps de palabrer. On nous attend pour l'apéritif.

Près de la cheminée, dans son fauteuil à oreillettes bordeaux, Marcel fume la pipe, son deuxième verre de whisky à la main. Chauve, nez en bec d'aigle, il a ce bon sourire du pays de Pagnol, la blague au coin des lèvres. À côté de lui, Maurice, son vieil ami, belle tête de Russe. C'est lui qui l'a aidé à entrer à l'Académie. Je me souviens de leurs discussions, des visites de courtoisie après lesquelles ils comptaient les voix que pouvait obtenir mon grand-père. Le jour de sa réception, lorsque, tout empanaché de vert, il exhiba son épée ornée de raisins, en hommage à ses origines méridionales, je n'étais pas peu fière. Avec son accent qui sent la lavande et les pins parasols, il raconte la dernière séance du dictionnaire, un pensum. Ma grand-mère, Diane, empile délicatement du petit bois dans la cheminée. Son visage est pareil à celui des femmes de Modigliani. Ses cheveux blonds, coupés courts et bouclés par une mise en plis, ressemblent à un duvet de poussin. Dans son chemisier jaune, elle paraît si frêle que je m'empresse de l'aider à porter des bûches. Ses yeux ont la mélancolie des petites filles qui attendent un baiser ou un conte avant de s'endormir. Elle regarde Marcel comme un arbre de Noël. Sa raison de vivre, c'est lui. *Never complain never explain.* Elle organise des réceptions pimentées de politiques, d'écrivains et de journalistes, veille sur son confort, ses vêtements, ses médicaments, ses déplacements. D'une main diaphane, elle me charge de passer un bol d'amandes grillées. Marcel en croque une poignée avant de boire une rasade de whisky.

À table, en dégustant un œuf mayo – ce fameux œuf mimosa qui, chez nous, précédait une pintade aux cuisses trop sèches accompagnée de pommes rôties dégoulinantes de beurre –, mon grand-père raconte sa dernière affaire du Palais où il défendait un écrivain accusé de plagiat. La force de ses arguments a fait mouche ; il a mis K.O. l'avocat général. Un coup de coude à Dune, une lichette de tarte au citron, et nous nous éclipsons vers les bois par le chemin tapissé de feuilles moisies qui longe la pelouse en pente douce et les buis à l'odeur âcre dans lesquels, il n'y a pas si longtemps, je me cachais en composant un lit de plumes de colibris. *À bataille d'amour, champs de plumes*, écrivait Góngora dans *Soledades*.

Comme un balcon en forêt, le tennis en terre ocre. Par-ci par-là, des traces de balles, des touffes d'herbe, de la mousse. Sur une chaise d'arbitre rouillée, une serviette pourrie. Il y a longtemps que le court a été déserté et le filet pend, lamentablement. Dans les sous-bois parsemés de jonquilles, Dune se plaint que Jean-Michel veuille qu'elle s'inscrive à Assas, et je me dis que c'est le moment. Quand elle saura ce que je ressens pour son frère, elle sera très étonnée, mais l'idée germera que je suis celle qu'il lui faut et non cette fille trop chevaline pour lui. Je suis sûre qu'elle trouvera les mots pour lui dire, avec ce qu'il faut de légèreté, tout le bien qu'elle pense de moi et il finira par se laisser convaincre. À l'instant où je vais me démasquer, Dune s'emballe : le droit la rase, elle a envie de tenter le cours Florent, d'être comédienne, surtout depuis qu'elle vu Isabelle Adjani dans *Ondine* à la Comédie-Française, la semaine dernière. Je lui dis qu'elle lui ressemble un peu, que je prends des cours de théâtre sans en parler à mes parents qui veulent que j'entre à Sciences Po, et lui déconseille Assas, où des types du GUD passent leur temps à casser la gueule aux gauchos, à moins qu'elle ait envie de préparer le Capa. Afin de lui prouver que je suis prête à lui rendre service, je lui propose d'en toucher un mot à mon grand-père. Elle souffle sur une boule de pissenlit :

– Jean-Michel pense plutôt que, après une maîtrise en droit, je devrais m'orienter vers la criminologie. Ça suppose une longue formation en psycho-socio. Il s'agit de comprendre ce qui se passe dans la tête d'un criminel, pour mieux détecter ceux qui vont passer à l'acte. Un travail de détective, quoi ! Tant qu'à faire, je préfère jouer la tragédie. Il y a tout dans Shakespeare !

– Alors, lance-toi !

– Pas évident. Jean-Michel est assez autoritaire, tu sais.

– Ah bon ! On ne dirait pas.

Tandis que nous descendons vers la maison, je me promets qu'au prochain tilleul j'oserai. Un brin d'herbe entre les dents, je jette :

– Tu crois que ton frère pourrait se fiancer avec Bijou ?

Dune éclate de rire :

– Lui ? Il n'a aucune envie de se caser ! C'est un baroudeur.

– Si je te dis un secret, tu me promets que tu n'en parleras à personne ?

– Évidemment, tu me connais !

– Je suis amoureuse de… devine.

– Pas de Jean-Michel, j'espère. Toutes nos copines en sont folles.

Dune et son franc-parler. Elle m'a mis un lob. À sa façon de m'inclure dans un harem où je suis battue d'avance, je me sens dépossédée de mon secret, j'ai l'impression d'être une parmi les autres, une de trop. Pendant que nous nous débarrassons de nos bottes en caoutchouc dans la pièce à chaussures, j'aperçois, contre le mur, une rangée de vieux escarpins. Alors que je tente en vain de glisser mon pied dans l'un d'eux, Dune me lance un regard plein de compassion. J'attrape mes ballerines, monte enlever mon jean boueux en faisant attention à ne pas utiliser sa brosse à cheveux : il suffirait d'un rien pour qu'elle répète tout à Jean-Michel. Le lendemain, à onze heures, elle grimpe dans le train, pour préparer une interro d'anglais. Je me contente de lui dire : « Embrasse bien ta mère pour moi. »

Après le déjeuner, Paul Dantec surgit, bras en croix : « *Introibo ad altare Dei !* Ah, mes amis, que d'aventures ! Hier, à la Madeleine, j'ai marié un jeune couple des plus atypiques : lui est communiste et athée, elle, monarchiste et fervente catholique. Et ce matin, un de mes étudiants à la Catho m'a conduit en Deudeuche à Milly, où j'ai baptisé des jumeaux et mis en bière un vieux scientifique. » Tandis qu'il se goinfre des restes du pot-au-feu, il se vante d'avoir été invité à deux émissions de radio cette semaine et d'avoir publié trois articles dont une double page dans *Témoignage chrétien.* Dans un mois, lui aussi sera reçu par la vieille dame du quai de Conti. Marcel veut savoir si son discours est prêt et se réjouit de l'accueillir comme un frère :

– Tu passes d'une Compagnie à l'autre, mon cher.

– Tu sais, je ne me suis présenté que pour avoir quatre pages dans *Le Monde* ! blague Paul.

Les deux hommes parlent de la croix pectorale réalisée par un artiste italien que des amis veulent lui offrir. « Je suis très touché, mais je ne la porterai pas, dit Paul, je préfèrerais quelque chose de plus modeste. Un honneur qui n'est pas vraiment compatible avec ma vocation. » Marcel le rassure : il importe que des prêtres cultivés soient présents dans les meilleures institutions ; Paul sera le premier cardinal jésuite à faire partie du cercle des quarante, après Richelieu qu'il cite à l'envi : *Plus on est honoré et respecté, plus il faut faire l'humble et le respectueux.*

Au café, en allumant une gauloise, le voilà qui m'interroge sur les cours de Mlle Latreille. Ma grand-mère me sauve la mise :

– Vous n'allez pas parler de philosophie maintenant, encore moins des demoiselles : j'en ai assez souffert.

– Allons ! Allons ! badine Paul, de vieilles histoires.

À les entendre, j'ai l'impression de voir le frère et la sœur durant les cueillettes de cèpes, d'agarics et de chanterelles ou les récoltes de pommes de pin que leur imposait leur préceptrice en Bretagne. « Tu étais plus docile que nous », fait remarquer ma grand-mère. Lorsqu'elle lui rappelle qu'elle détestait les prières du soir et qu'il voulait à tout prix la convertir, Paul éclate de rire. Son café bu, il rejoint Marcel et Maurice pour une partie de pétanque. Qu'importe le vainqueur, les trois hommes cheminent vers les bois où je les rejoins. Ils causent littérature et j'entends ces noms rêvés : Baudelaire, Proust, Claudel, Morand…

Pendant que mon grand-père va faire le tour de la Jaguar, je retrouve Paul près de l'enclos : « Ah, te voilà Juliette ! Nous nous disions que Mai 68 a été une période poétique, une réaction de mystique sauvage, rimbaldienne, contre l'ennui de cette civilisation technocratique. Qu'en penses-tu ? » J'avoue que j'étais encore enfant mais que je partage son avis. Il s'emballe : « J'ai beaucoup de sympathie pour ce mouvement qui s'apparente pour moi à une utopie du bonheur. Mais, tout de même, je regrette que l'élan soit retombé, laissant la place à un certain égoïsme, une forme de matérialisme qui prend le pas chez mes étudiants. Ils perdent peu à peu le sens du sacré et cette générosité discrète qui consiste à secourir ceux qui sont dans le besoin sans en faire état. » Plus je l'écoute, plus je m'en veux de ne me préoccuper que de ma petite personne. Afin de le provoquer, je riposte : « Je ne suis pas d'accord. Nous sommes en quête de sens, d'une vie plus libre, plus vraie. » Dantec caresse la crinière de l'âne et j'ai l'impression qu'il me sermonne : « Au nom de la liberté, on en arrive à tout tolérer : l'amour libre, le divorce, la pilule... Je ne suis pas contre, mais je crois que ce qui unit une fille et un garçon est à l'image d'un amour plus grand que scelle un engagement, une fidélité à toute épreuve. » Après une telle déclaration, mon béguin pour Jean-Michel me semble bien peu de chose face à l'exigence du lien quasi mystique dont il parle. Comme s'il devinait mes pensées, il enlève ses lunettes, les nettoie et, les yeux un peu flous, se fait pardonner de m'avoir fait la leçon : « Tu dois trouver que je suis bourré de principes. Toi qui as lu Mauriac, tu sais qu'il y a en nous une certaine disposition au malheur, dont il faut se méfier, car le véritable amour consiste à donner sans attendre en retour. » Le visage d'oncle Paul s'illumine. J'ai envie de lui confier mes doutes et mes petites angoisses du jour. Je préfère le bousculer, critique l'Église, à mon sens trop riche et inadaptée, défend le mariage des prêtres et celui des religieuses. Paul lève les yeux : « Un soldat du Christ ne pourrait se consacrer à la fois à Dieu et à une famille, mais je comprends que certains d'entre eux soient sensibles à la beauté et au charme d'une femme. Quant à l'Église, elle est plus ouverte que tu ne le crois. » Un sourire, et il regarde sa montre avant de trottiner vers la maison en s'écriant : « Mon Dieu, il faut que je rentre à Paris ! J'ai une réunion sur le dialogue interreligieux avec mon cercle. Pardon, pardon, je ne veux pas rater le train de dix-huit heures. Adieu. »

Et c'est ainsi qu'il disparaît, missionnaire sur les rails du Seigneur.

Toute la semaine, j'ai attendu ce dimanche, stabiloté sur mon agenda. Dune m'a demandé de ne pas venir trop tôt : des amis d'Adèle passeront dans la soirée.

Dans la cuisine, un doigt sur la bouche pour m'inviter à garder le silence, elle m'indique d'un mouvement de tête un tabouret devant l'évier. Jean-Michel me fait un clin d'œil avant de raconter qu'une astrologue lui a fait son thème astral. Tandis qu'il palabre, incollable sur la carte du ciel, le rôle de la position des planètes, les éphémérides, les méridiens et les trous noirs, je me dis qu'il parle de nous, de cette attraction céleste qui nous pousse l'un vers l'autre. Adèle exige qu'il lui prédise l'avenir. Solange joint les mains : « Tu seras heureuse, ma biche : pas besoin d'une voyante, ça se voit sur ta truffe. » Lorsqu'elle lui propose d'essayer sa robe de fiançailles, Jean-Michel déguerpit dans sa chambre. J'en profite pour le suivre, afin de l'interroger sur les signes du zodiaque.

– Tiens, te revoilà, dit-il.

– J'aimerais que tu m'expliques l'influence des astres sur notre caractère.

– C'est plus compliqué que ça en a l'air.

Sur sa couverture à carreaux, les jambes entortillées, j'ai l'impression d'être revenue chez moi. À mes côtés, il parle avec de grands gestes :

– L'astrologue étudie dans quelle maison se trouvent les astres le jour de notre naissance, ce qui éclaire notre personnalité et notre vie sur terre. Moi, je suis cancer, donc relié à la lune. Et, tu le sais bien, la lune suit un cycle de vingt-huit jours, comme la femme. Tu vois ce que je veux dire ?

– Pas vraiment.

– Tout simplement que j'ai tendance à être lunatique ! Et toi, tu es de quel signe ?

– Taureau !

– Un bon signe ! J'aime bien les taureaux. J'en connais. Pas si solides qu'on croit : ils faut les rassurer, ils ont souvent peur de manquer de quelque chose, ils ruminent et auraient même une prédisposition à la rancune. Ce sont des gens qui ont besoin de plaire, assez créatifs, du reste. On ne dirait pas, mais ils ont de la suite dans les idées.

– C'est tout moi !

Son souffle sent le tabac brun.

– Dis-donc, tu as déjà été amoureuse ?

Un instant, je pense à Patrice, le garçon que j'aimais en Alsace, mort d'une overdose, et je meurs d'envie de lui dire : « Peu importe, aujourd'hui c'est toi que j'aime. » Pourtant, sans doute parce que je revois Dune près du tennis, Dune qui se rit de moi avec l'air de me prendre pour une naïve, je me méfie, préférant éviter une nouvelle humiliation. Du reste, puisque Jean-Michel est entouré d'une cour, mieux vaut feindre l'indifférence. Prise d'un rire nerveux, je déclare :

– Qu'est-ce que tu crois ? Je tombe amoureuse quatre fois par semaine !

Il fronce les sourcils, se lève, allume une cigarette, se dirige vers ses maquettes. J'ai tout gâché, mes mots sonnaient faux, il doit s'imaginer que je suis une allumeuse. D'une petite voix, je lui dis qu'oncle Paul l'attend, qu'il se fait même une joie de le revoir.

– Merci, fait Jean-Michel en s'installant sur une chaise, j'ai des tonnes de questions à lui poser. J'espère qu'il me parlera de mon père, mais aussi de la signification biblique des signes du zodiaque : je crois qu'il est remonté jusqu'à l'Égypte ancienne pour montrer que le catholicisme n'a fait que reprendre les symboles et les mythes de l'Antiquité.

Je n'en reviens pas qu'il connaisse aussi bien les recherches d'oncle Paul, moi qui n'ai rien lu de lui. En l'écoutant me raconter les dernières découvertes dans la vallée des Rois, tout en lui, sa voix suave, son regard ardent, sa manière de s'adresser à moi comme si j'étais la seule, sa quête de sens et ce quelque chose de tendre et de rebelle à la fois lui donnent l'étoffe des héros des romans que j'aime tant, ceux de Dostoïevski, de Tolstoï, de Flaubert, d'Alain-Fournier ou de Kundera. Soudain, il devient celui que j'ai attendu, celui dont j'ai rêvé, un enchanteur. Alors que je m'avance vers lui en murmurant : « Je voulais te dire... », il attrape un quarante-cinq tours et la voix métallique de David Bowie couvre mes paroles.

Au salon, Adèle ressemble à un cygne et je me sens canard boiteux. On sonne. Des jeunes gens envahissent la pièce. Tel un essaim d'abeilles, ils se jettent sur les trois sœurs, les couvrent de mots doux, les câlinent, avant de s'avachir sur le canapé où ils se vantent de leurs soirées de rallye, de leur week-end en

Normandie, de leur dernier séjour à Courchevel ou à Saint-Jean-de-Luz. Leurs regards brillent tantôt d'une pointe de suffisance, tantôt de cette insolente indifférence qui révèle leur conscience d'être « d'un certain milieu », mettant entre eux et les autres une invisible frontière. Bras ballants, j'ai l'air d'une provinciale endimanchée : ils ont ce je-ne-sais-quoi qui m'échappe, cet aplomb des enfants gâtés. À ce moment-là, j'ai la conviction qu'il subsistera toujours en moi le sentiment d'être illégitime, d'ignorer les codes et les traits d'esprit qui donnent accès à ces clubs de Parisiens qu'on dit de bonne famille. Au bras de son fiancé, une tête plus haute que lui, Adèle rayonne. Bandana autour du cou, un grand blond au teint cuivré, visiblement le co-équipier à bord du quat'vingt, fanfaronne devant Dune, revenant sur le naufrage. Bijou pose la tête sur l'épaule de Jean-Michel et me lance un regard oblique, comme si ça l'agaçait que je sois là, à les observer, en voyeuse. Elle a ce profil bourbonien des vieux portraits d'ancêtres figés dans une éternelle expression de mépris. J'ai envie de vomir. J'imagine que, tout à l'heure, ils vont se mordiller les oreilles, rouler sur le parquet… Mieux vaut disparaître, avant que quelqu'un me demande où sont les toilettes.

Dans l'entrée, Solange sort de sa chambre en nuisette : « Ma choute, sois gentille, va chercher des verres à la cuisine. » Au moment où elle s'éloigne, je ne peux me détacher de son ventre rond, de ses seins qui dansent dans leur balconnet, la comparant à maman si mince, si plate. Les verres déposés sur un guéridon, j'enfile ma veste.

Sous la loupiote de mon bureau, je me ronge les ongles. Maudite pudeur ! Jean-Michel a dû se dire que je manquais de naturel.

Avec ce genre d'hommes, il faut se montrer sincère, « au plus près de ses émotions », comme le conseille M. Laporte. À la moindre contrariété, il se ferme, sûrement parce que sa mère lui passe tout. Le plus terrible, c'est qu'il ne sait pas que je l'aime, que je l'ai choisi, lui, pour la vie. Décidément, il faut que je me délivre de mon besoin de plaire. Dans un mois, j'aurai dix-neuf ans et je ne peux pas abandonner le match à la première balle hors du court. Maman me l'a souvent conseillé, elle qui ne cesse de me seriner : « Avant de t'embarquer avec un garçon, pense qu'il sera le père de tes enfants, tu le verras autrement. » Merde, il va falloir que je me débarrasse de cette satanée culpabilité qui me ligote. Ma mère et les demoiselles du collège n'ont qu'un mot à la bouche : la morale pour élever l'esprit, combattre l'égoïsme, la paresse et la frivolité. À les entendre, il faudrait être parfaite : bonne à marier ! Une porte d'entrée au couvent. Le temps va passer et je serai périmée. Demain, toujours demain, toujours plus. À force de tenir les jeunes filles en laisse, ne risquent-elles pas de tout envoyer valser sur le tard ? Jean-Michel n'a que vingt-deux ans et je me fiche qu'il soit un bon père ! Je pourrais étudier nuit et jour, l'inviter à Chosang pour mon anniversaire, l'entraîner dans les bois, lui montrer mes seins, me glisser sous ses draps. Si rien n'y fait, ne me reste qu'à crâner, le vamper, me rouler dans les orties, c'est-à-dire, à ses pieds.

La prochaine fois, je n'hésiterai plus, j'enlèverai ma petite culotte. J'aimerais être l'intrigante d'une nuit. Sur le trottoir d'une ruelle obscure, en bas résille et jupe de cuir, je fumerais une blonde. Il passerait sur sa moto, m'observerait du coin de l'œil. Sans le faire lambiner, j'afficherais mes tarifs, nous prendrions l'escalier vers une chambre d'hôtel de bas étage et il me regarderait longuement avant de défaire un à un les boutons de mon chemisier. Pour lui, je serais une pute, tout sauf une pique-assiette dont il se fout comme de sa première chemise.

Le nez dans le lavabo, je me débarbouille sous l'eau glacée puis vais griffonner :

Cher Jean-Michel,

Je ne t'enverrai jamais cette lettre pour la bonne raison que j'ai le sentiment que tu me considères comme une coccinelle ou une abeille. Ce genre de fille qui, vois-tu, folâtre de fleur en fleur. Sais-tu, cher Jean-Michel, oui, sais-tu… parfois, j'ai l'impression que je ne suis rien pour toi, parfois j'ai l'impression de pouvoir être tout pour toi. Deux poids deux mesures. Mais les deux poids deux mesures existent-ils en amour ? Je veux te dire une chose, Jean-Michel : tu seras toujours quelqu'un pour moi. Que puis-je dire d'autre ? Tu seras éternellement ma plus belle carte postale.

Juliette

À minuit, j'attrape mon cahier bleu caché sous le matelas de peur que sister Emily me le chipe. Il faut absolument que j'écrive ou je vais tomber malade – je le suis déjà un peu. Un coussin au creux des reins, je tente de calmer les mygales qui tissent des toiles dans ma tête. Ces temps-ci, je ne tourne pas très rond. Il se peut pourtant que je regrette un jour mes années philo, ce temps suspendu où je n'avais pas de responsabilités, où les déceptions de la vie ne m'avaient pas encore flétrie. L'amour ne dépend de rien, ni du paraître ni de la réussite, mais de cette chose étrange qui fait que nous sommes là, alors qu'il aurait suffi de quelques secondes de moins pour que personne n'entende jamais parler de nous.

3

Ce soir, je dors chez mes grands-parents : j'ai un cours au Louvre demain matin, je ne serai pas loin. Le long du boulevard Saint-Germain, je m'imagine au bras de Jean-Michel. Quelque chose en lui me rappelle mon père lorsqu'il se plaint de devoir faire le guignol devant ses clients. L'été, quand nous rentrions du Maroc, où nous avons passé sept ans dans une villa blanche entourée de marécages striés d'avenues qui ne menaient nulle part, je rêvais de vivre dans ce quartier, entre le marchand de disques et le drugstore où ma grand-mère m'offrait des gadgets, contre l'avis de ma mère qui trouvait qu'une trousse de toilette ou un cartable seraient plus utiles.

Un porche vert, une cour pavée, un perron. Après la guerre, mes grands-parents ont loué au rez-de-chaussée ce grand appartement qui donne sur un jardin de buis. Maïté, la femme de chambre bretonne à qui toute la famille se confie, est toujours la même, toujours aussi blonde satinée. D'un sourire complice, elle m'invite à parler à voix basse : « Ton grand-père reçoit un client. » Autour d'une console rehaussée d'un miroir doré, deux statues d'éphèbes portent de leurs bras musclés des gerbes de plumeaux. À travers la porte entrebâillée du salon, la lumière blanchit les lourds rideaux rouges. Le client doit déjà être dans le bureau de Marcel où une grille noire sépare son coin travail d'un boudoir aux larges fauteuils calés devant une bibliothèque de livres anciens et d'ouvrages dédicacés. Je glisse à Maïté: «Je suis amoureuse du fils de Solange Dumontel. À ton avis, tu crois que je dois lui dire?» Elle réfléchit un instant, hoche la tête: «Attends un peu, laisse-le venir.»

Dans sa chambre, Diane est allongée sur son lit à baldaquin couvert de fourrure bleue. Je suis si habituée à la voir un plateau sur les genoux que je m'assieds à ma place, au bout du lit. Elle se plaint de ses hanches défaillantes, comme ma mère, en Alsace, peste contre ses sinusites chroniques. Deux maillons d'une longue chaîne de femmes où, de mère en fille, se transmettent les mêmes histoires, les mêmes chansons et cette tristesse, cette bruine, ces silences, ces peurs qu'elles n'osent dire. Jeune fille, ma mère ne supportait pas l'ambiance du boulevard Saint-Germain, qu'elle trouvait mondaine. À vingt ans, sous l'influence d'oncle Paul, elle a pris le contre-pied et arpenté les cités ouvrières de Nanterre, avant de se marier avec mon provincial de père. Même si je suis sensible à la justice, je me sens plus attirée par l'histoire de Marcel. Petit-fils de vigneron, mon grand-père est monté à Paris grâce à une bourse pour se lancer dans la politique. Comme cela rapportait peu, il a préféré le barreau. Il a bien raison de s'offrir des vacances à Saint-Tropez et d'aimer les bons restaurants comme Ledoyen, où il m'a invitée avec oncle Paul pour mes dix-huit ans. On peut gagner beaucoup d'argent et être de gauche.

Sur la coiffeuse de ma grand-mère, une bougie verte au parfum entêtant et une boîte d'ambre à demi ouverte, d'où s'échappent des liasses de billets laissés par Marcel afin qu'elle puisse se servir. Hier soir, ils ont donné un dîner en l'honneur de l'ambassadeur du Maroc. Il y avait des politiciens, des académiciens, des écrivains. Il m'arrive de passer les petits fours pour ce genre d'occasion, mais lorsque les invités me complimentent, ils ne s'attardent pas, de crainte d'interrompre une conversation avec plus intéressant.

Diane embaume le Schiaparelli. Enveloppée dans un plaid, elle porte un tailleur chevron mordoré. À ses doigts, une bague en topaze de la couleur de ses yeux. Je lui raconte les histoires des polardes de ma classe, lui confie que je prépare le Conservatoire et la Rue Blanche. Elle serre son châle sur sa poitrine, son regard se fane. « Tu risques d'être déçue par ce milieu, ma chérie, et tes parents ne seront pas d'accord, mais si tu y tiens, je peux t'organiser un rendez-vous avec le directeur du Conservatoire, un ami de Marcel. Ferme la fenêtre, il y a un courant d'air », dit-elle en enfilant ses souliers. Au jardin, un chat blanc s'enfuit vers les buis taillés au cordeau. Pendant que ma grand-mère va se changer, je grimpe par un petit escalier en colimaçon vers la lingerie. Dans la vapeur bleutée, Maïté amidonne le col d'une chemise. Un tour à la chambrette où je dormirai ce soir, et je me plonge dans un bain mousseux, toute molle.

À dix-neuf heures trente, Diane attend Marcel sous sa collection de chiens anglais. Comme Pénélope, elle l'a toujours attendu, habituée à ses voyages et à ses virées avec Maurice dans les petits restaurants russes de Pigalle où ils s'encanaillent. La nuit, elle fait parfois semblant de dormir, pour ne pas lui poser de questions. Sur la table-bateau, une bouteille de whisky, du Perrier, des olives. Maïté dresse le couvert. Avec elle, tout est toujours impeccable. Lorsque Marcel paraît, veste d'intérieur en velours et pantoufles assorties, il s'exclame : « Te voilà, ma petite révolutionnaire ! », clin d'œil à notre dernière discussion au cours de laquelle j'ai défendu la cause du peuple, rengaine de mon adolescence gauchiste. Sous le regard désapprobateur de ma grand-mère, il se sert une rasade de scotch. Elle soupire : « Ce n'est pas raisonnable, mon chéri, ton médecin te l'a déconseillé. » Marcel fait tinter des glaçons : « J'ai quand même le droit de boire un petit verre, bon sang ! On m'interdit tout, le sel, les graisses, le tabac, l'alcool. Je préfère mourir comme Tchekhov, une coupe de champagne à la main, plutôt que de finir grabataire. » En bourrant sa pipe, il rappelle à Diane qu'elle doit réserver une table chez Lipp pour les vingt ans de maison de Maïté.

À cet instant, oncle Paul virevolte vers sa sœur, la priant de lui pardonner de passer si tard : « Je voulais vous embrasser, je dîne à deux pas, je ne reste que quelques minutes. » Tel qu'en lui-même, faucon breton, il pique vers moi et je tombe dans ses ailes rassurantes. « Viens donc à ma prochaine conférence, dit-il, je parlerai des anges, ceux de l'Ancien Testament, bien sûr ! Ensuite, nous irons prendre un verre et nous reprendrons notre bonne conversation de Chosang : tu as un sacré répondant. » Promis, promis.

– Je suis bien ennuyé, confie-t-il à ma grand-mère, je me suis aperçu que j'avais accepté deux invitations ce soir. La dernière bouchée dans le bec, je foncerai honorer mon deuxième dîner.

– Tu as toujours eu un bel appétit mais tu es toujours aussi étourdi : tu as mis une chaussette rouge et une noire. Et puis tu devrais passer chez le cordonnier : tes talons t'ont lâché.

– Ah ! merci, je verrai ça plus tard, lance Paul en nous saluant du bonnet d'un « *Gaudeamus*, réjouissons-nous », comme un acteur après son numéro.

Madame est servie. Maïté nous présente des avocats sauce au citron. Marcel se régale. Tout à l'heure, il regardera le match France-Roumanie. Après une rascasse grillée, des amandes fraîches et des litchis, il allume la télé et se sert une vieille prune. Ma grand-mère me chuchote : « Viens, on va voir *Dix petits nègres* au cinéma du drugstore en cachette. Marcel s'inquiétera et c'est tant mieux. Puisque les hommes ne nous disent pas où ils vont, cette fois-ci, c'est nous qui lui ferons une bonne farce. »

Telles deux gamines, nous nous éclipsons bras dessus bras dessous. À notre retour, toujours devant la télé, Marcel pousse des cris : « La France a gagné ! » Pouce levé, il m'embrasse à la volée : « Bonne nuit, la plus jeune et la plus belle. » De la lucarne de ma chambre, la lune me salue puis, discrètement, se voile d'un nuage.

À huit heures du matin, je somnole encore lorsque Maïté me secoue : « Ton grand-père a eu une attaque cette nuit, il va être transporté à l'hôpital. » Je cavale vers la chambre de mes grands-parents d'où montent de longs râles. Diane entrouvre la porte, des cernes mauves sous ses yeux feu pâle qui s'affolent. « Ma chérie, va à ton cours et ne t'inquiète pas », murmure-t-elle.

Sur le pont des Arts, je galope sous les gouttes qui me claquent au visage jusqu'à l'entrée du Louvre où Mlle Latreille ne tarde pas à conduire sa troupe au trot saccadé vers les salles consacrées à la Grèce antique. À midi, boulevard Saint-Germain, Maïté est livide : mon grand-père va revenir, c'est la fin. Une heure plus tard, deux infirmiers le font rouler sur un brancard et le déposent sur son lit. Diane lui éponge le front. Je prends sa main. Oh, ce doux sourire ! Ses lèvres ont encore ce mœlleux pêche abricot de ceux qui ont trop aimé la vie. À cinq heures, Marcel s'endort pour toujours. Un dernier baiser sur le front, et je prie tout bas afin qu'il s'envole au pays des vignes et des lavandes où les hommes trinquent pendant la messe du dimanche. Au tribunal céleste, à grands effets de manches, mon grand-père défendra les brebis galeuses, les opprimés et les résistants, lui qui avait choisi la liberté.

Cette nuit-là m'apparaît l'Ankou, ce vieil homme voûté en cape noire, qui fauche les âmes pour les emporter dans sa charrette et les jeter sur les marais des monts d'Arrée.

Des couronnes de fleurs encombrent le cercueil devant lequel Paul dit un dernier adieu à son ami de toujours. Sa voix s'élève sous la voûte de la petite église de Chosang. Quand il évoque les femmes qui ont découvert le tombeau vide, la stupeur de Marie-Madeleine, et qu'il clame : « C'est sur l'amour que nous serons jugés », je sèche mes larmes, je le regarde tenir ferme le calice et tout son être semble se recueillir pour s'offrir à cet *Agnus dei*, celui dont il célèbre le sacrifice.

Une semaine plus tard, lorsque je reviens chez ma grand-mère, des draps blancs recouvrent les meubles de la salle à manger où elle répond, sur un coin de table, à des messages de condoléances. « Paul est venu me voir tout à l'heure, cela m'a fait du bien. Je ne supporte plus de rester ici, sans Marcel. Tu sais, je voudrais le rejoindre. J'attends un signe. Il m'a promis qu'il m'enverrait une rose», dit-elle en désignant la cheminée. Elle va se séparer de l'appartement, vendre Chosang. Quand je lui suggère de garder le champ qui borde la maison des enfants, elle se mure : la municipalité est communiste, ils pourraient exercer un droit de préemption. Après un dîner frugal, elle se faufile vers son lit pour regarder la télévision, sans oublier de me donner le dernier billet de la boîte à sous afin que je puisse rentrer en taxi. Je sais que je ne verrai plus jamais les rideaux rouges se fermer sur le jardin.

Dans la soirée, j'achète des reinettes à l'épicerie du carrefour Vavin avant d'entrer dans le petit théâtre du cours Laporte. Sur scène, une grande brune et un blondin jouent une scène d'*Un tramway nommé désir.* Dans le rôle de Blanche, la brune, un peu timorée, est loin de rivaliser avec Vivien Leigh ! M. Laporte la reprend : « Ce qu'on cache en dit plus que ce que l'on montre. Trouve tes équivalences. Prends le temps de respirer. Tu es fausse dans les silences. » La prochaine fois, ce sera mon tour.

À la fin du cours, je vais trouver M. Laporte qui accepte de rédiger un mot à l'intention de M. Richard :

Très bon physique, blonde, grande, mince, distinguée, ligne harmonieuse, joli visage clair, mignonnette, des cheveux un peu trop longs peut-être, voix vive et fraîche, parfois un peu monocorde – à développer. Lève trop les yeux au plafond, un peu scolaire. Prend bien la lumière, intelligente, des dons certains d'ingénue. Sujet intéressant. Peut envisager répertoire classique et Conservatoire. Discrète, attentive, ardente, elle est en hypokhâgne, a beaucoup de travail, mais s'organise bien.

J'avais un grand avenir, vous voyez!

Ce matin, je me suis levée tôt pour travailler avant de me rendre à mon rendez-vous au Conservatoire. À l'entrée du bâtiment blanc à l'effigie de Molière, ça grouille de comédiens en herbe qui parlent fort, chahutent. Au milieu du brouhaha, une petite rouquine, yeux électriques, discute avec un garçon, cheveux en brosse. En passant près d'elle, j'entends: « C'est Isabelle Huppert, elle est en deuxième année et on la demande déjà au cinéma. » J'aborde une dame à chignon cloche qui m'indique le bureau de M. Richard.

Derrière une table où s'entassent des éléphants en ivoire, des masques vénitiens et des trophées, je ne vois que deux oreilles en feuilles de chou s'agiter autour d'un large crâne. Lorsqu'il me scrute sous ses sourcils en accents circonflexes, je n'en mène pas large. Ses longues mains s'ouvrent: « Votre grand-mère m'a parlé de vous. Ainsi, vous voulez être comédienne? » Je lui donne le mot de Laporte. Il le parcourt, se racle sa gorge: « Bien, bien. Sachez, Mademoiselle, que le métier d'acteur est à la fois une joie et une souffrance. On ne fait pas carrière sans y laisser des plumes. Il vous faudra puiser dans vos émotions pour nourrir les drames que vous interpréterez, les vivre jusqu'à vous y perdre. Les gens du métier sont égoïstes, jaloux, rancuniers. Malgré l'amitié qu'ils vous porteront, le désir de plaire et la rareté des élus les pousseront à dire du mal de vous. Les réalisateurs ne vous demanderont pas seulement de jouer, ils exigeront tout. Si vous étiez ma fille, je vous déconseillerais de devenir comédienne. » Recroquevillée sur ma chaise, je l'interroge sur l'examen d'entrée quand le téléphone sonne. M. Richard décroche. « Parfait, j'arrive », dit-il d'un ton sec avant de me raccompagner vers la sortie. En bas, les élèves se sont envolés. Le rideau est tombé.

Ma gabardine ruisselle, mes baskets prennent l'eau. Le métro s'est arrêté entre Étoile et Les Sablons : quelqu'un s'est jeté sous une rame. Dans l'obscurité, je me tasse sur mon siège. M. Richard ne s'est pas montré des plus encourageants. Ma grand-mère a dû l'influencer, c'est évident. Me revient ce qu'elle m'a dit l'autre jour : « Le milieu des comédiens est avilissant. Ce genre de travail s'apparente à de la prostitution. » Je n'en crois pas un mot mais je ne suis pas sûre que cette voie corresponde à ma vraie nature. Pour l'heure, mieux vaut travailler dur pour l'examen d'entrée en prépa de Sciences Po. Je ne sais pas si j'y arriverai, je manque de discipline, sans doute parce que je fuis ce qui m'ennuie.

4

DEPUIS QUE DUNE M'A APPRIS que son frère était en stage dans un commando marine, je ne suis pas retournée chez les Dumontel. De toute façon, je ne sors plus : l'examen pour Sciences Po est dans dix jours, le 1er juin. J'ai potassé le droit et l'économie, même si je déteste ça ; je sais tout sur la Constitution, la droite en France ou la géopolitique du pétrole. À la radio, les journalistes ne parlent que de l'élection de Giscard. Les résultats du vote sont tombés à vingt heures. Avant de glisser mon bulletin dans l'urne, j'ai hésité entre Mitterrand et lui, mais je me suis dit qu'après la mort de Pompidou, il fallait rajeunir les troupes.

On toque. Claudia, ma voisine de palier, me propose d'aller voir *Toute une vie*, de Claude Lelouch. Elle porte une jupe à pâquerettes et des sabots, a noué un foulard indien dans sa tignasse rousse. Sur les murs de sa chambre, des posters de John Lennon et d'Elton John. Une hippie de la dernière heure qui rêve encore de faire la route vers Katmandou. En fac de philo à Nanterre, elle est fiancée à un carabin et ne va pas tarder à quitter le foyer. Ce n'est pas raisonnable, mais je me décide à l'accompagner. Finalement, le film me plaît : chacun se croise, se retrouve, se perd. Il en faut peu pour se rater. Si Jean-Michel m'a oubliée dans son sous-marin, mieux vaut l'oublier tout de suite.

Le lendemain, alors que je dîne au réfectoire, sister Emily me pose la main sur l'épaule : « Votre grand-mère au téléphone ». Diane sanglote : oncle Paul vient de mourir. Il serait tombé dans une rue du 17e arrondissement. La veille, il présidait un pardon en Bretagne, deux longues homélies sous la chaleur, une procession à n'en plus finir durant laquelle il aurait eu un malaise. « Il aurait dû se ménager, se lamente Diane. Il a déjà eu des alertes mais il ne se soignait pas. » Comment est-ce possible ? Il semblait en parfaite santé la dernière fois que je l'ai vu à la messe d'enterrement de mon grand-père. Et, ses mots, je les entends encore : « Par la joie pascale, l'angoisse de la mort est vaincue. » Dimanche prochain, je suis prête à le parier, il ressuscitera ! Il y croyait tellement, se réjouissant de retrouver sa mère et de tutoyer les anges. Il avait soixante-neuf ans. On l'appelait le cardinal Dantec, mais pour moi, il sera toujours oncle Paul, le vibrionnant, l'impatient, le plus gentil des hommes, celui qui m'a encouragée à écrire. Diane me propose de l'accompagner à la maison des pères où son corps repose. Je saute dans un taxi.

Depuis qu'elle a rendu l'appartement du boulevard Saint-Germain pour s'installer avenue Raphaël, les meubles ont été partagés, mais elle a gardé sa collection de chiens, son canapé en cuir noir et son baldaquin qui paraissent à l'étroit dans ce trois-pièces moderne, avec vue sur jardin. Maïté m'embrasse du bout des lèvres : « Ta grand-mère va très mal, je me fais du souci pour elle. » Dans le salon, ouvert sur des buissons d'hortensias, prostrée sous ses faïences, Diane serre entre les mains un mouchoir :

– Après mon mari, mon frère. Pourquoi le Seigneur m'inflige-t-il de telles épreuves ? Je ne peux pas vivre sans eux, je n'en ai pas la force.

– Les beaux-frères sont réunis, ma Diane. De là-haut, ils te protègent.

Ma grand-mère se couvre de son manteau noir. Dans la voiture qui nous emporte, elle parle de ceux qu'elle a oubliés de prévenir, de mes parents qu'elle ne pourra pas loger, de l'annonce du *Carnet du jour*, des choses qui la rassurent et lui font oublier qu'elle va voir son frère pour la dernière fois.

À l'entrée d'une bâtisse grise rehaussée d'une croix blanche, un vieux prêtre nous accompagne vers la chapelle de la communauté. Devant un autel en bois éclairé de cierges, la peau tavelée de taches brunes, oncle Paul joint les mains, un chapelet entre les doigts. J'ai beau me dire qu'il est au ciel, rien dans ce corps rigide et desséché ne le laisse croire. Alors que ma grand-mère s'entretient avec le supérieur des jésuites, je guette un dernier tremblement, un souffle entre ses lèvres. La vie qui bouillonnait en lui s'en est allée avec son bon sourire ; son visage parcheminé semble moulé dans du marbre comme celui du gisant de l'église de Locronan où, enfant, il servait la messe. Alors, je pense à sa chère Bretagne, je l'imagine pendant la procession. Suivi par une volée de coiffes de dentelles aussi fines que des crêpes, il marche d'un pas lent et pressé à la fois, derrière la châsse contenant les reliques du saint. Il a cette allure si distinguée, ce corps plein de nervosité, un peu contrit, ce corps qui parle, mine de rien. Des gouttes de sueur coulent sur sa soutane couverte d'un surplis blanc. Un instant, il s'arrête au bord du chemin, la main sur la poitrine, pour reprendre son souffle. Un petit pincement au cœur, oh, pas de quoi s'alarmer. À la grand-messe et aux vêpres, il prêche longuement du haut de la chaire, lui pour qui Dieu était évident, lui qui était la vie même.

Je me souviens de cette soirée chez mon grand-père. C'était l'été, nous étions rentrés du Maroc. Oncle Paul n'en revenait pas que le pape l'ait nommé cardinal. Il avait relevé le bas de sa soutane et m'avait montré ses chaussettes rouges en riant.

Un signe de croix au nom du père, du fils et du Saint-Esprit, un baiser à Diane et je quitte la chapelle, direction le foyer pour plancher sur la guerre de 1939. Les fiches s'accumulent, la poubelle déborde.

Les funérailles d'oncle Paul à Notre-Dame étaient belles. Il faisait beau et triste. Trois jours plus tard, à une heure avancée de la soirée, on frappe à la porte. Visage en saule pleureur, sister Emily passe la tête : « Un appel de votre mère. » La voix de maman se casse. Depuis la réunion de famille chez ma grand-mère après l'enterrement, elle ne se console pas de la mort de son oncle. Se souvient qu'il était venu il y a peu à Mulhouse. Mon père ne partageait pas ses idées, remettant en question les dogmes de l'Église, de l'Immaculée Conception à la résurrection, mais il admirait l'homme de foi, son aisance, sa force de conviction. « Il ne s'économisait jamais : pas étonnant qu'il ait eu un infarctus, dit ma mère. Heureusement, il n'a pas souffert. » Je n'ai pas voulu lui en parler l'autre jour, mais lorsque je lui demande dans quelle rue il est mort, elle se tait un instant avant de jeter de ce ton ferme qui me cloue le bec : « *Le Canard enchaîné* vient de faire paraître un article écœurant : un mensonge, une diffamation pour salir sa mémoire. Je suis sûre que ce torchon qui bouffe du curé s'en prend à lui à cause de ses idées conservatrices. Pourquoi s'attaquer à un homme qui n'est plus là pour se défendre ? Nous sommes sous le choc, ta grand-mère aussi. » Ma mère est si paniquée qu'elle ne me laisse pas le temps de l'interroger sur cet article.

J'ai peur que Diane ne sombre. Depuis la mort de Marcel, elle ne sort presque plus de chez elle et refuse les visites. Comment pourra-t-elle supporter cette offense à la réputation de son frère ?

Dimanche soir, lorsque je reviens chez elle pour lui tenir compagnie, je l'entends crier, derrière la porte : « Qui est là ? », comme si j'étais un vendeur ambulant. Le salon baigne dans la pénombre. Seul un rai de lumière éclaire les épagneuls de porcelaine qui me fixent de leurs billes noires. Dans sa robe de chambre beige, Diane semble flotter. Ses cheveux sont tout chiffonnés, le bleu de ses yeux a pâli et se voile de nuages. Elle traîne les pieds vers la cuisine où elle n'a pas touché à la salade niçoise ni à la compote de pommes préparées par Maïté. « Sans Maïté, je ne mange rien », dit-elle en regagnant son lit à petits pas. Une bouteille de pouilly Ladoucette à la main, je la rejoins dans sa chambre. Sous la lampe de chevet, la photo de Marcel, raquette à l'épaule. Diane pioche dans les journaux qui jonchent le couvre-lit en fourrure, brandit *Le Canard enchaîné* : « Regarde cette infamie. » L'article prétend que Paul ne serait pas mort dans la rue mais chez une amie, Marie-Loup Mariani, dite Loulou, blonde de vingt-quatre ans, « hôtesse » dans un établissement à Pigalle. Les pompiers auraient retrouvé trois mille francs sur lui. Les lèvres de ma grand-mère tremblent. « Quand je pense qu'ils osent insinuer qu'il fréquentait une prostituée ! Ces scribouillards ne savent pas qui il était : l'homme le plus détaché qui soit, engagé corps et âme dans sa mission. J'en suis malade. Et tu n'as pas tout vu ! », s'écrie-t-elle en me tendant *Charlie Hebdo.* Sur une double page, des caricatures d'oncle Paul, la soutane relevée, lubrique, entouré d'hétaïres, croqué en satyre assoiffé de chair fraîche. Étrangement, j'ai l'impression qu'il s'agit d'un autre, de la marionnette d'un guignol dont vampires et sorciers mènent la danse. « Pourquoi s'en prennent-ils à un innocent ? poursuit ma grand-mère. Sa réputation est à jamais ternie, la nôtre aussi. » J'ai beau lui dire que ceux qui ont aimé Dantec ne croiront pas un mot de ces accusations, que des voix vont s'élever, que tout sera vite oublié, elle penche un peu la tête, les yeux mi-clos, dans une expression à la fois douloureuse et éthérée qui me rappelle celle de la pietà de Villeneuve-lès-Avignon. Une gorgée de vin et elle reprend : « Il n'a pas mérité ça. Nous étions si proches. Il m'a toujours protégée. » Un sourire aux lèvres, ma grand-mère s'assoupit. J'en profite pour relire l'article du *Canard.* Rédigé dans l'esprit du « volatile », il laisse planer le doute. Si ça se trouve, Dantec a voulu porter secours à cette prostituée, lui qui aimait tant Marie-Madeleine. Lorsque Diane ouvre les yeux, je lui propose de rester près d'elle. Elle secoue doucement la tête et me glisse un billet pour le taxi : « Maïté sera là pour mon petit déjeuner, ne t'en fais pas. »

Le lendemain, place Dauphine, dans la salle d'examen, un surveillant distribue des copies. Mon stylo prêt à la compétition, je découvre le sujet de la dissertation : la gauche en France. Merde, j'avais misé sur la droite. Pas la peine d'inquiéter ma mère qui téléphone pour avoir des nouvelles. Affolée par la polémique qui enfle, elle craint que Paul soit marqué à jamais par ce qu'elle qualifie de « drame épouvantable ». Elle ressasse, enrage. Comment son oncle tant aimé aurait-il pu commettre l'irréparable ? Sans cesse, elle s'attaque à la presse et ne décolère pas qu'on puisse accorder du crédit à un informateur qui aurait tiré les vers du nez à la gardienne de l'immeuble où est mort Dantec. « Tu vois bien que ça ne tient pas », dit-elle, s'étonnant que l'Église ne publie pas un démenti ou que les jésuites n'étouffent l'affaire. Elle me rappelle les jalousies et les violentes attaques que subissait son oncle, d'après elle victime de son succès. Lorsque je lui fais remarquer que c'est tout de même une belle mort, elle s'échauffe : « Il a été imprudent. Un prêtre ne se rend pas chez une prostituée, même s'il vient la secourir. » Avant de raccrocher, elle me conseille de ne plus m'incruster chez les Dumontel.

Solange lui a-t-elle parlé de moi ? Qu'importe, je croque un carré de chocolat noir et le laisse fondre sur ma langue. Ce goût sucré-salé, c'est celui des pralines que m'avait offertes oncle Paul à la boulangerie de Chosang. J'avais onze ans. Il me parlait des elfes et des korrigans de la forêt de Brocéliande, me racontait la légende de la ville d'Ys. Le jour où Biscuit, le cocker que m'avait donné mon parrain, est mort, je ne voulais pas le quitter. Oncle Paul a caressé son dos et m'a proposé de le mettre dans une belle boîte. Il a creusé un trou au fond du potager, y a déposé le cocker et a dit une prière afin que Biscuit rejoigne le paradis des chiens. Je pense à lui, lui qui m'a transmis, non pas le sens de la foi – oh non, trop intelligent pour me convertir – mais tout simplement ces petites choses essentielles, par exemple, de m'autoriser à rêver, à écrire. Il me fit valser entre la Compagnie de Jésus et le jansénisme de Pascal. Et c'est ainsi que j'ai appris la balançoire!

Ma grand-mère est à nouveau seule ce dimanche soir et j'ai pris l'habitude de venir la voir ce jour-là. Maïté a déjà mis le couvert. Ne reste plus qu'à réchauffer une soupe au pistou. Lorsque je lui dis que Solange Dumontel m'a appelée et qu'elle pense bien à elle, elle continue à grignoter son bout de mie de pain en silence. Afin de la distraire, je lui parle d'Adèle et de son fiancé. Elle me prend le poignet: « Toi aussi, ma chérie, tu trouveras un bon mari. Termine tes études d'abord: les garçons sont si immatures. Le jour où j'ai rencontré Marcel, j'avais dix-huit ans, mais je savais ce que je voulais. Sur les Champs-Élysées, quand il m'a proposé de devenir son amie, je lui ai rétorqué: "Avec moi, c'est tout ou rien!" » Tournée vers les hortensias, elle soupire: « Tu sais, après la mort de Paul, je pensais que l'affaire se tasserait, que des voix s'élèveraient pour le soutenir. Même les journaux les plus sérieux l'ont accusé. La France entière est au courant. Certains en profitent pour le traiter de Père-la-morale, de Tartuffe. Pour la plupart des gens, il restera un prêtre mort dans les bras d'une prostituée. Heureusement que ton grand-père n'est plus là. » Je lui dis que Marcel aurait intenté un procès aux journaux. Pour elle, le mal est fait et on aura beau tout entreprendre pour défendre son frère, la calomnie lui survivra. « Tu sais ce que disait Beaumarchais? "*Calomniez, calomniez, il en restera toujours quelque chose.*" On rira de lui, il sera catalogué, marqué au fer rouge. On oubliera le théologien, le missionnaire, l'écrivain, le cardinal, l'homme dévoué à l'Église et aux autres, pour ne garder de lui que cette rumeur infâme. Car il s'agit bien d'une rumeur, insiste-t-elle, d'un de ces ragots minables de fouille-merde qui n'ont rien d'autre à faire que de briser la réputation d'un homme, sans se soucier de sa famille. » Tandis qu'elle avale une cuillerée de soupe, je pense à oncle Paul, si pudique, que j'imaginais presque asexué. Pourquoi l'ont-ils fait passer pour un dépravé, un jouisseur, un menteur ? Savent-ils au moins ce qu'ils font ?

Il n'a pas eu le temps de donner sa conférence sur les anges, mais je sais qu'il croyait, comme saint Thomas d'Aquin, que ces créatures divines nous accompagnent au cours de notre vie, qu'elles nous consolent et nous ouvrent les portes du paradis. Il aimait les archanges à l'origine du cosmos, ceux de la tradition juive, musulmane ou chrétienne, persuadé qu'ils nous transmettent la joie de la cité céleste. Je pense à la peinture de Delacroix dans l'église Saint-Sulpice, *La Lutte de Jacob avec l'ange*. Paul ne disait-il pas que nous sommes l'enjeu d'un combat spirituel entre les puissances des lumières et celles des ténèbres mais qu'un ange gardien sur notre chemin peut nous porter secours ?

Un homme qui aime les chérubins de Tiepolo ne peut être mauvais. Je ne dirai pas à ma grand-mère que l'œuvre de son frère risque d'être entachée, qu'on y scrutera le moindre indice, qu'elle sera suspecte, mise à l'index. Abandonnant son assiette, elle se lève de table. Je la suis dans sa chambre où j'ouvre le lit, la borde, lui propose un yaourt, de la tarte à l'abricot. Elle préfère une verveine menthe. Un quart d'heure plus tard, elle s'endort. La lumière du couloir restera allumée, je ferai attention à ne pas claquer la porte d'entrée.

À peine rentrée au foyer, j'ouvre mon cahier à spirales et écris :

Mon Dieu, protégez ma grand-mère. Elle n'a pas mérité ça. Faites qu'elle surmonte cet affront qui la mine et la tue. Faites qu'avec le temps les choses s'apaisent. Il est vrai, oncle Paul n'a vraiment pas été prudent. Mais peut-être est-ce cette imprudence qui lui a permis de devenir ce qu'il était. Peut-être est-ce le goût du risque qui l'a poussé à sauter dans le vide lorsqu'il a décidé de devenir prêtre, à tout oser pour se lancer dans cette folie. Au fond, il y a chez lui, comme chez moi, une forme de rébellion, le goût d'enfreindre les règles, au risque d'en souffrir. Tous deux taureaux, nous sommes attirés par le danger, par l'ivresse des abîmes. Je me connais, je suis capable d'avancer tête baissée, aveuglée, obsédée par cette sorte de pulsion malsaine de m'offrir en pâture, recherchant inconsciemment à être humiliée, jugée, condamnée. Après l'excitation, le plaisir de me faire valoir, d'être sur une scène, vient la sidération, l'évidence de la faute. Puis, sous les quolibets et les sarcasmes, la honte et son cortège de déconvenues, de peur ou de remords. J'en ai fait maintes fois l'expérience, sabordant avec Jean-Michel ce qui me tenait le plus à cœur.

Deux semaines plus tard, les résultats tombent : je suis prise en prépa de Sciences Po. J'appelle Dune. Elle m'écoute à peine : elle vient d'avoir son bac. Ce soir, une petite fête est organisée en son honneur. J'espère que Jean-Michel est rentré de son stage.

5

SUR LE PAS DE LA PORTE DU FOYER, sister Emily me glisse : « Hier soir, à la chapelle, j'ai prié pour votre famille éprouvée par la mort du père Dantec. Il n'était que bonté. Les articles sur sa mort nous ont choquées, surtout ceux qui viennent de journaux catholiques. Comme le Christ, il a été trahi par les siens. Vous savez, je crois qu'il pressentait qu'il serait blasphémé. Même si la preuve de son innocence est faite, il est désormais frappé du sceau du malheur. Un conseil : ne vous attardez pas sur ces articles afin de garder dans votre cœur l'image d'un homme lumineux qui se moquait du qu'en-dira-t-on. » Elle s'en retourne à son parloir et je file chez les Dumontel.

Habillée d'un jean et d'un chemisier clair, je suis prête à affronter ce que je pense être le « grand monde » et, surtout, prête à affronter celui que je considère comme l'homme de ma vie. Sur le palier, j'entends une musique assourdissante. La fête bat son plein. Je sonne à plusieurs reprises lorsqu'un garçon pas très frais, aux joues bouffies, ouvre la porte et déclare :

– Tu es mignonne, mais la fête est finie.

Peu farouche, je lui demande à qui j'ai affaire.

– Bonne question ! Je suis Geoffroy de Lassus, un ami de Dune, pour te servir, miss. Quant à toi, je ne suis pas devin mais tu as une tête à t'appeler Justine, à moins que ce soit Juliette ?

– Tu es assez perspicace, toi ! Alors, tu me laisses entrer ?

Le jeune homme m'accompagne d'un geste presque indécent vers la piste de danse.

Ils sont tous là, les amis des Dumontel, des marionnettes qui se désarticulent sur la musique. Je les reconnais, les filles du harem de Jean-Michel ; elles frétillent, se tortillent, virevoltent devant lui, cherchant à attirer son attention par toutes sortes de mimiques, gloussant, pouffant, déchaînées par la mélodie enivrante de *Docteur Jimmy*, des Who. La tête légèrement en arrière, un peu raide, Jean-Michel s'esclaffe d'un rire narquois, avant de faire tourner comme une toupie une blonde platine à la peau dorée. Je me console en me disant que, pour une fois, Bijou n'est pas là, me faufile vers le buffet où il ne reste que quelques chips et des cacahuètes, me sert une louche de sangria et cherche Dune des yeux. Plus j'observe ces filles, plus j'envie leur insouciance. Oui, me dis-je, elles ont raison de s'étourdir, de ne penser qu'à leur plaisir, oui, elles font bien de se moquer de tout. Un jour, elles blanchiront ensemble et se poudreront les joues pour qu'on ne remarque pas que leurs dents ont jauni.

Vais-je faire tapisserie jusqu'à ce que la fête soit *vraiment* finie ? Alors que je rêvasse, un gros boutonneux se colle à moi en gueulant : *I want you !* J'emporte mon verre et fuis vers le couloir, espérant trouver Dune. C'est là que j'entends une voix reconnaissable entre toutes. Je me retourne. Jean-Michel me sourit et vient vers moi de son pas tranquille :

– Tu ne danses pas ?

– Pas envie.

– C'est vrai, il y a trop de bruit. Tu veux qu'on discute un peu ?

– Pourquoi pas.

– Allons dans ma chambre, je suis fatigué. Si tu savais à quel point je suis fatigué.

– Tu n'as pas beaucoup dormi dans ton sous-marin ?

– Exactement, petite futée.

Nous sommes l'un à côté de l'autre, dos au mur, sur son lit, et j'ai la sensation que nous avons toujours été là, lui et moi. Il me raconte la vie à bord, les exercices, les cabines étroites à six marins, le manque d'eau pour se laver ou pour les toilettes, le bruit des moteurs, l'interdiction du tabac, il admet qu'on y mange bien – le chef est excellent. Tandis qu'il se dit pressé de sortir de l'X pour faire le tour du monde, sa main prend la mienne. J'y vois un geste de fraternité dont il est coutumier avec ses sœurs. Mais, quand il me donne un baiser, un long baiser, cette fois, je sais qu'il n'appartient qu'à moi. Sa bouche sur la mienne, je ferme les yeux et me laisse emporter vers d'autres rivages. Quelques instants plus tard, comme si je revenais d'un long voyage, appuyé sur le coude, il me regarde longuement. « J'en avais très envie », dit-il, avant de se redresser. Au bord du bateau, il ferme un bouton de sa chemise, se penche à nouveau vers moi avec la délicatesse d'un médecin chargé d'annoncer une mauvaise nouvelle à son patient : « Comprends-moi, je ne peux pas, plus maintenant. C'est comme ça. La vie est mal faite. Si je t'avais connue plus tôt, les choses auraient été différentes. »

Je fais mine de ne pas avoir entendu et pressens que je ne reviendrai plus sur ce duvet, que cet égarement ne se reproduira plus; je veux juste qu'il reste encore un peu, juste fourrer ma tête dans son cou, causer pendant des heures, que Bijou n'existe plus. Il me parle de l'été, des virées qu'il fera vers Belle-Île ou Ouessant et je me dis qu'il rêvera de moi les soirs de lune rousse, sur son quat'vingt. Nonchalant, il file à la cuisine, jette un coup d'œil dans le couloir. Craint-il qu'une de ses amies s'inquiète de son absence? Il ouvre le frigidaire, en sort une canette de bière, la boit au goulot et s'essuie la bouche du revers de sa manche. Nous sommes à l'abri. Seule la femme de ménage entre déposer un plateau de verres sales. Dès qu'elle est sortie, je m'attends à ce qu'il me serre dans ses bras en maîtresse clandestine. Au lieu de quoi, il se désole de la mort de Dantec:

– Ce doit être pénible pour ta grand-mère, ce qu'on a raconté sur lui.

– Affreux, oui. Elle en souffre beaucoup.

– Un jour, on rétablira sa belle humanité.

Un baiser du bout des doigts, et il regagne le salon. Mon regard s'évade sur la table où s'entassent des gobelets en plastique, puis sur les chaises où se retrouveront les Dumontel, le dimanche, dans cette cuisine qui sent bon le pain grillé et la brioche.

Ils ont baissé le son, ils s'entrelacent sur un slow dans une lumière bleutée. Au moment où je cherche mon blouson sous un tas de manteaux, le joufflu qui m'avait accueillie titube vers moi et, d'une voix pâteuse, me dit: «Alors, Justine-Juliette, on part déjà, au moment où la fête commence?»

Sous la lumière vacillante des lampadaires, je serre un petit caillou au creux de la main et je sais qu'à l'avenir, ils s'accumuleront. S'éveille alors en moi la terrible frustration que l'on doit ressentir lorsqu'on livre un roman inachevé, un roman qui manquerait de musique, de poésie et de cette ironie qui en ferait une bonne tragi-comédie, un roman où il y aurait encore tant de choses à dire.

Un filet de lumière sous la porte du bureau de sister Emily : elle veille, prie, fait ses comptes, que sais-je, un oiseau de nuit. J'ai oublié d'éteindre la lampe de mon bureau, j'entame une poire avec mon canif, me coupe le pouce. Le sang gicle. Ma maladresse, encore. J'ai dû boire trop de sangria, je ne sais plus où j'en suis. J'ai encore sur la langue le goût sucré-salé de celle de Jean-Michel. C'est moi qu'il aime, moi seule. Mon amour. Je me répète tout bas ce beau mot que je n'ai pas su lui dire.

Patience, l'été ne dure qu'un temps. L'heure viendra où tout s'éclairera. À la rentrée, je ne serai plus chapeautée par sister Emily, je serai enfin chez moi. J'inviterai Dune et Jean-Michel. Un petit dîner entre bons amis puisqu'ils ne peuvent se passer les uns des autres. Un soir, il me proposera de l'accompagner à un concert de jazz au *Petit Journal* ou ailleurs. En sortant, il aura envie de prendre un verre à la maison. Je lui montrerai mes disques, mes livres, mon lit, et je lui donnerai tout.

J'ouvre le placard à la recherche d'un châle. Ma vieille poupée de cire est là, dans son manteau de velours rouge tout chiffonné. Je l'appelais Suzie. Je me revois sur mon balcon, à Mohammedia. J'ai sept ans, des nattes, et une trottinette. On entend le cliquetis des sécateurs des jardiniers qui coupent le gazon, le bêlement de la chèvre rapportée de l'Atlas, la fatma qui fait claquer du linge dans la cour de la lingerie. Sur le chemin qui zigzague entre les mimosas et les orangers, mon frère pédale vers le vélodrome, au fond du jardin. Ma mère abandonne ma petite sœur à une géante aux pieds peinturlurés de henné pour aller au bidonville. J'ai peur que les moustiques soient attirés par son sang sucré, qu'un serpent sorte d'un nid sous les eucalyptus, qu'un scorpion se faufile vers son bras dodu. Je rassemble les élèves de ma classe, Suzie au centre. Soudain, la poupée dégringole et se fracasse sur le dallage, le crâne tailladé.

Un jour, j'écrirais un roman sur une berbère d'Imlil, ce village aux maisons de terre cuite d'une vallée de l'Atlas où les petites filles font tinter leurs bracelets et chantent aux neiges éternelles, des fagots de bois au dos, des paniers de noix fraîches dans les bras. Sur la terrasse de sa maison de terre, la petite Leïla regarde sa mère, veuve d'un muletier, préparer le camoun. Son frère revient de Casablanca. Il dit à la mère qu'il a inscrit sa petite sœur dans une école là-bas afin qu'elle apprenne à lire et écrire. La mère s'y oppose farouchement. Alors, le grand frère emporte Leïla sur son dos, malgré les cris et les coups de bâton de la mère. Les premiers jours, la petite griffe ses camarades, injurie les professeurs puis, progressivement, elle prend goût à l'étude. Dix ans plus tard, elle quitte le Maroc pour la France où son frère et sa belle-sœur l'hébergent en banlieue, avant d'épouser un homme qui la bat.

Nos mères se sont concertées. Dans quinze jours, je pars pour les États-Unis avec Adèle. Avec elle, j'aurai l'impression d'être avec lui, de prolonger ce que nous avons vécu, de préparer de beaux lendemains. Ce samedi, afin d'organiser le voyage, j'arrive en fin de matinée chez les Dumontel. Solange m'accueille en déshabillé de soie :

– Ma petite Juliette, j'ai voulu rendre visite à ta grand-mère, mais elle est terrassée par la mort de son frère. J'aurais voulu lui dire combien le père Dantec m'a soutenue après la mort de mon mari. Le scandale qu'a suscité sa mort est immonde. Il n'y avait aucune malice chez ton grand-oncle. Il était aérien, éthéré, presque un ange. Le jour de sa mort, il faisait le bien. La prostituée en témoignera, tu verras.

– Vous croyez ? Vous pensez vraiment que cette femme serait capable de dire la vérité ? Elle a dû être effrayée au moment où le cœur d'oncle Paul a lâché.

Solange me tapote l'épaule et m'accompagne au salon où Adèle déplie des cartes, feuillette des guides. Ce que devient son frère ? « Il navigue avec Bijou », dit-elle d'un sourire si désarmant que je devine qu'elle se doute de quelque chose.

Dernier jour de classe. Mlle Latreille a décidé que les élèves organiseraient un buffet. Chacune a été chargée d'apporter quelque chose. Tandis qu'elles se régalent, elles parlent de leur admission en khâgne, se voient déjà professeur au lycée ou à la fac. De sa voix de crécelle, Florence se vante de viser l'ENA. Près de moi, Bernadette, petite boulotte discrète, boit un verre de jus de pomme. « Et toi, Juliette, qu'est-ce que tu veux faire ? », me demande-t-elle avec une gentillesse qui me touche d'autant que je crains une remarque de Mlle Latreille – j'ai séché pas mal de cours.

– Je ne sais pas encore. Sûrement pas prof. Et toi ?

– J'ai la joie de t'annoncer que j'entre chez les bénédictines et que je n'en sortirai jamais. Je veux me donner tout entière à Dieu, s'illumine Bernadette.

Un instant, je l'imagine derrière des grilles, son visage enfantin entouré d'un voile amidonné : « C'est beau, la voie que tu as choisie, mais tu n'as pas peur ? » Bernadette joint les mains : « Qui est-on pour se croire si puissant ? La liberté est dans l'oubli de soi et l'obéissance. » Avant de filer à l'anglaise, je me décide à saluer Mlle Latreille. Le professeur prend mes mains entre les siennes : « Nous avons fait des neuvaines pour le père Dantec. Dites à votre grand-mère qu'avec ses amis nous fondons une association pour prouver son innocence et clamer haut et fort qu'il était venu apporter à cette pauvre fille de l'argent pour payer l'avocat de son mari en prison. Il était capable de ce genre de générosité, vous savez. Le pire, à mes yeux, est le silence. » Je remercie mon professeur, en pensant qu'elle ferait bien de consulter ma grand-mère.

Un mois plus tard, lorsque l'avion atterrit à Paris, je tremble à l'idée que Jean-Michel soit à l'aéroport pour accueillir sa sœur. La douane passée, Adèle tire sa valise, sans m'attendre. Me fait-elle encore la gueule ? Tout avait pourtant bien commencé. À New York, nous avons été hébergées dans un loft chez une amie de Solange avant de gagner Chicago en *Greyhound*. Entre deux cartes postales à son amoureux, Adèle notait ses dépenses au jour le jour. Par petites touches, j'essayais d'en savoir plus sur Jean-Michel. À sa façon de s'enthousiasmer pour les écureuils de Central Park ou pour Harlem, de s'intéresser à tout, je retrouvais chez elle un peu de lui. À Atlanta, les choses se sont dégradées.

Nous étions reçues dans une maison blanche à colonnades d'un quartier très *Autant en emporte le vent.* Un soir, *downtown*, deux types nous ont proposé de la marijuana. J'ai dû en abuser, j'ai déliré toute la nuit. Le lendemain, j'ai eu beau m'excuser, Adèle s'est braquée.

Parmi les familles et les amis qui guettent les voyageurs, j'aperçois la bonne figure de Jean-Michel qui ouvre les bras à sa sœur. Je vais vers eux, attendant la fin de leurs retrouvailles, quand se profile, un peu à l'écart, la haute silhouette de Bijou. D'un geste courtois, Jean-Michel l'invite à les rejoindre, ravivant une douleur que j'avais enfouie. Sans m'arrêter, je me presse vers la sortie de l'aéroport et grimpe dans un taxi qui me conduit chez Diane.

À peine ai-je posé ma valise dans l'entrée, où Maité m'accueille d'un « Bonjour, l'Américaine », que ma grand-mère claudique vers moi : « Dis donc, ma chérie, tu as grossi ! dit-elle en me dévisageant derrière ses lunettes d'écaille. Il faudra que tu fasses attention. Ce n'est pas très distingué pour une jeune fille ! » La balance de la salle de bains ne ment pas : j'ai pris cinq kilos ! J'ai dû abuser de *peanut butter*, de *popcorn* et des glaces que l'on trouve à tous les coins de rue. Les photos de mon voyage ne semblent pas passionner ma grand-mère. Au bout d'un moment, elle grimace : « Ah, je n'en peux plus. Mon arthrose, encore ! Il va falloir m'opérer. ». Je tente de la réconforter, mais dans son regard plein de tendresse se lit une inconsolable tristesse.

Sur sa table-bateau, les Mémoires d'oncle Paul intitulés : *L'Autre, ce mystère.* Je m'emballe : « Ça y est, ils sont parus ! » Diane caresse la couverture blanche du petit livre, soupire : « Il a dicté ce texte et n'a pas eu le temps de le corriger. C'est pourtant son livre le plus personnel, celui que je préfère. Il intéressera ceux qui l'ont connu, mais personne n'en parlera : il est ostracisé. » Nous nous attablons autour d'un poulet basilic. Elle me fait un clin d'œil : « Voilà exactement ce qu'il te faut. » Après le déjeuner, je file à la cuisine relater mon épopée américaine à Maïté. Elle lève le doigt : « Un de perdu, dix de retrouvés. » Après avoir fait promettre à Diane de venir passer quelques jours chez mes parents en Alsace, je file vers la gare de l'Est, *L'Autre, ce mystère* dans mon sac à main.

Les champs de blé et de maïs défilent, faisant voler les lambeaux d'une histoire qui n'a jamais existé que dans mon imagination. Au fond, j'ai perdu un temps fou pour un garçon qui se fichait de moi. Hier soir, mon oreiller a pleuré. J'aimerais juste qu'une âme sœur ou frère me tende la main.

Sur le quai de la gare de Mulhouse, je vois mon père. Il est là, toujours bien à l'heure, tiré à quatre épingles, bien plus à l'heure que cette foutue SNCF, mon si tendre papa. Et je lui saute au cou. Il prend ma valise : « Elle est trop lourde pour toi », et dans la voiture, il me dit des choses dont il n'oserait parler devant maman.

Tablier autour de la taille, ma mère fait bouillir de la gelée de groseille. Avec son visage anguleux et son nez pointu, elle pourrait paraître sévère, mais ses yeux de pluie masquent mal les peurs qui l'habitent. « Ah, te voilà. Tu as fait un bon voyage ? Tu m'aides à remplir les bocaux ? » Je la regarde tourner la soupe rouge et onctueuse avec une cuillère en bois. Elle non plus ne change pas, la même énergie et cette manière directe de me mettre dans le bain : « Pendant que tu étais aux États-Unis, nous avons visité des appartements. Nous allons sans doute nous décider pour un entresol près de l'Étoile. Corinne Marchand, la fille d'une amie, pourrait s'y installer : il y a deux chambres. Mais attention, pas de laisser-aller. Il faudra que tu veilles au rangement, à la propreté, que tu gères tes dépenses, que tu ne te disperses pas : ta priorité est de décrocher Sciences Po. » J'ai envie de lui rétorquer qu'elle n'a pas de conseils à me donner puisqu'elle s'est fait retoquer. Je préfère l'abandonner à ses bocaux et grimper dans ma chambre. Ça sent un peu le renfermé, mais tout est là, mon bureau taché d'encre bleue, mes posters, mes disques. Des guêpes me rendent cinglée. Dehors, les ballons des Vosges dans la brume.

6

SIX MOIS ONT PASSÉ depuis mon installation rue de l'Arc-de-Triomphe. Dans la rue, il y a des petits hôtels et des prostituées qui attendent les clients. Il m'arrive de saluer l'une d'elles. Elle a des cheveux jaunes, porte des robes roses à volants et fume des blondes sur le trottoir.

L'entresol s'ouvre sur un salon bas de plafond avec des coussins aux quatre coins de la pièce et une moquette vert bouteille parsemée de taches de graisse. Corinne, ma coloc, n'est ni jolie ni laide. Elle a le charme des filles sans prétention et débrouillardes, sans doute parce qu'elle est issue de ces vieilles familles qui s'installent dans les communs de leur propriété de campagne, faute de pouvoir retaper la maison. Cette petite brune futée mène son bonhomme de chemin, mine de rien. En deuxième année de Sciences Po, elle me donne parfois des conseils, bien qu'elle ne soit pas très patiente lorsque je me perds dans ses explications sur le rôle des députés et des sénateurs, la décentralisation ou le Parlement européen. Comme sa chambre communique avec la mienne, je suis obligée de la traverser à toute heure du jour et de la nuit, marchant sur la pointe des pieds pour ne pas la déranger lorsqu'elle reçoit Maxime, son petit ami.

Dune m'a dit que son frère se fiançait avec Bijou. C'était joué d'avance, mais ça m'a fichu un coup. J'en ai pleuré pendant deux jours et je lui ai envoyé une longue lettre dans laquelle je lui disais qu'il était encore temps, que si, d'aventure, il ne changeait pas d'avis, je pourrai rester près de lui, dans l'ombre. Après l'avoir postée, je m'en suis voulu. Il a dû la déchirer ou la faire lire à Bijou. Par ma faute, je me suis interdit de revenir chez les Dumontel, tout comme j'ai perdu l'amitié qui me liait à Adèle pour quelques bouffées de haschich. Mon matelas est si défoncé que j'ai mal au dos. Impossible de me concentrer sur mes exercices de comptabilité nationale. Je n'ouvre jamais la fenêtre, à cause des odeurs de graillon et de pisse qui sortent de l'arrière du restaurant russe d'en face. Tiens, un cuisinier sort des toilettes, le pantalon baissé, dévoilant son énorme cul, avant de cracher par terre. Après deux bâillements, je ferme mon cahier, à nouveau tenaillée par ce qui m'obsède: je n'ai jamais couché avec un garçon. Le seul avec qui j'aurais voulu sauter le pas s'est joué de moi. Il doit y avoir quelque chose qui ne tourne pas rond dans ma caboche. Quelque chose qui vient de ma famille. Oui, il y a quelque chose dans mes gènes, ce que Paul appelait « une certaine disposition au malheur dont il faut se méfier ». L'amour me semble une longue attente livrée au temps, qui souvent s'éternise aux heures chaudes de la sieste ou à l'ombre d'un parasol et qui, pourtant, au moment où on aimerait le ralentir, nous rappelle, telle la pendule d'un clocher, qu'il est trop tard, que la messe est dite. Par chance, la peur de flétrir et de rester vieille fille me fouette les cuisses.

Je suis bien plus taillée pour la poésie que pour la politique. Parfois, je crains de me dessécher à Sciences Po. Dieu sait pourtant si j'ai besoin de structurer mon esprit indiscipliné, de dompter mes démons. Peut-être qu'à force d'être raisonnable, calme et réfléchie, j'aurai des rides autour des yeux, le visage un peu plus creux.

Tout à l'heure, au TD de droit, Florence prenait sans arrêt des notes. Devant le distributeur de café, elle m'a dit qu'elle avait rencontré un Anglais dans un rallye mondain. Dents serrées, menton en avant, lorsqu'elle retrouve les fils Giscard et autres oiseaux en loden vert dans les couloirs, je fuis. À les entendre, ils sont déjà ministres, du moins, secrétaires d'État, préfets ou ambassadeurs : leur voie est toute tracée. La mienne ressemble à un chemin de traverse : je ne sais pas ce que je veux, mais je sais ce que je ne veux pas. Comme dit Jules Renard : *J'ai le dégoût très sûr.* D'un trait de crayon, j'élimine de ma liste les métiers à la mode : attachée de presse, comme ma cousine, commerciale ou publicitaire. Pourquoi pas un travail dans les relations internationales ? En tout cas, là où je pourrais permettre à des étrangers de s'intégrer, ou à des jeunes de s'ouvrir à la culture. Si je ne m'engage pas à vingt ans, quand en aurai-je le courage ? Demain, je dîne chez Diane. J'espère qu'elle sera remise de son opération des hanches.

Sur son canapé en cuir, elle se plaint de ne pouvoir se déplacer qu'avec des cannes orthopédiques, d'avoir mal, surtout la nuit. Ma petite grand-mère, si élégante, poudrée de rose qui sent le *Patchouli Chinchilla*. Elle se soucie de me savoir perdue à Dauphine. Je lui parle des cours d'histoire de M. Azéma, un professeur qui a le don de faire vivre les événements, même les plus rébarbatifs. Elle cligne des yeux comme si elle ne m'entendait pas. Lorsque je lui demande si les choses s'apaisent pour oncle Paul, elle se tend, les mains crispées sur le pommeau de sa canne. L'autre jour, elle a entendu à la radio un chroniqueur blaguer sur son frère et les morts mystérieuses où sexe et religion sont liés. Des insinuations sur sa double vie qui l'ont ravagée. « Voilà ce qui reste de lui et rien n'y changera, même si l'on prouve qu'il n'était pas coupable », répète-t-elle. Une dame de l'association des amis du père Dantec lui a téléphoné et se dit convaincue que Paul allait parfois à Pigalle pour venir en aide à des prostituées et tenter de les convaincre d'arrêter ce métier. D'après elle, le mari de Loulou aurait été emprisonné pour proxénétisme. C'était donc ça ! Mais un maquereau, ça ne s'épouse pas ! Lorsque je dis à ma grand-mère que je suis certaine que cette jeune femme avait besoin de se confier, elle lève les yeux au ciel. « Avec Paul, tout est possible. Il se pourrait aussi qu'il ait été obligé de couvrir une personnalité politique. Tout cela me perturbe beaucoup. Je ne sais quoi en penser. » Je n'ose l'interroger sur cet homme qu'oncle Paul aurait voulu tirer du pétrin. Les mains tremblantes, Diane pointe sa canne vers son sac afin que j'en tire un calmant. Après un bol de fromage blanc et un tilleul menthe, elle s'apaise et m'embrasse en me faisant promettre de me coucher tôt.

En rentrant, Corinne casse des œufs dans une poêle sans beurre, avant de s'installer sur la moquette du salon pour dîner. Je peste : « Fais attention. Mes parents trouvent l'appartement très sale, ils disent que ça le dévalorise. » Corinne hausse les épaules.

Je lui montre des tracts que des étudiants en grève distribuent devant la fac. Elle les fourre dans la poubelle, racle son omelette en lisant *Le Monde.* « Tu as vu, le chômage a encore augmenté, dit-elle. Il touche près d'un million de personnes. » Une tranche de jambon sur une assiette, j'y vais de mes commentaires : « Ils prétendent que l'avenir est à l'informatique, qu'il faut créer plus de filières techniques. Le niveau va baisser : fini la littérature, le grec et le latin. À mon avis, ils ont tort d'orienter les jeunes trop tôt. S'ils n'ont d'autre perspective que de passer leur temps derrière un ordinateur, on va vers un monde de technocrates. » En avançant ces idées, je pense à oncle Paul qui m'aurait approuvée, je crois l'entendre lorsqu'il parlait de la poésie de Mai 68 à Chosang. Me revient aussi ce que disait Diane tout à l'heure. Se pourrait-il qu'il se soit rendu chez Loulou pour protéger un homme puissant, victime d'un chantage ? Pourquoi aurait-il pris ce risque ?

Pendant que Corinne se lance dans une longue réflexion sur les causes du chômage, je picore mon jambon, grappille de la salade, et finis par deux yaourts aux pruneaux. Nous discutons depuis une heure lorsqu'on toque à la porte. Maxime, le blondinet gringalet de Corinne, se coule vers elle.

La vaisselle faite, je me glisse dans la pénombre où reluisent les fesses roses de Maxime et les seins bleuâtres de Corinne. À travers la paroi, des râles et des soupirs qui en disent long. Même avec des boules Quies dans les oreilles, je les entends encore. Et le cuistot qui sort de sa tanière pour laver des torchons au robinet de la cour ! Merde de merde ! Je ne vais pas rester vierge toute ma vie ! D'ici quinze jours, il faut que je couche avec le premier qui passe la porte. C'est décidé, on va faire une fête. Parmi la bande de Corinne, je trouverai bien un volontaire.

Le lendemain, je file à la Fnac avenue de Wagram et prends l'escalator vers les rayons vie pratique et santé, à la recherche d'ouvrages sur la sexualité. Au rayon des guides sur le bien-être, le yoga, les secrets du bonheur ou la diététique. Rien de ce qui m'intéresse. Une vendeuse aux boucles argentées se lime les ongles. Écrevisse, je lui demande où se trouvent les livres sur le Kamasutra, en vue d'un mémoire. « La sexualité, à gauche. » Merci, merci. Ah ! Enfin : *Les Douze positions, Les Jeux préliminaires*... Ni une ni deux, je cache les bouquins sous mon sac en bandoulière et descends les régler.

Au fond de mon matelas crevé, je dévore les manuels. À vrai dire, j'hésite à me jeter sur le premier venu, surtout s'il est boutonneux ou s'il sent l'ail.

Ma mère au téléphone : « Tante Jeanne s'est tiré une balle dans la tête. Cinq enfants, un gentil mari : elle devait être dépressive. Les gens qui se suicident cachent souvent une vie souterraine. » Un instant, j'imagine ma tante dans sa cuisine en Alsace. Elle va chercher sur une étagère le fusil de chasse d'oncle Joseph, le dirige vers sa tempe. Les cloches sonnent, les vaches sortent de l'étable. Pas un regard sur la photo de ses enfants ni sur celle de son mariage. Elle ferme les yeux, tire. Son cocker aboie à la mort. La dernière fois que je l'ai vue, tante Jeanne chevauchait T'en-fais-pas, la jument grise. Était-elle heureuse avec oncle Joseph ? « On ne sait jamais ce qui se passe dans un couple », dit ma mère avant de me demander si la moquette de l'appartement n'est pas trop sale.

Après les morts de l'an passé, comment garder l'innocence? La vie est si violente. Sous ma couverture, j'ai l'impression qu'un lac glacé se niche au creux de mes reins. J'ai connu tant d'échecs que la plupart des gens me déçoivent: ils se contentent d'une vie sinistre où l'art et la beauté sont les grands oubliés. Ce soir, il suffirait de peu pour que je me taillade les veines ou que je me laisse tomber sur le tas d'ordures de la courette. Mon dos s'ankylose. Aucune envie de potasser mon polycopié sur les Soviets. Je tends les jambes, ébauche quelques battements, chassés-croisés, abdominaux. Toute recroquevillée, je me dis que je n'ai pas le droit de «jérémiader», selon l'expression de Diane, que tout est possible encore. Au coin de mon bureau, le livre d'oncle Paul avec sa photo. On dirait qu'il me sourit. Je me rappelle ce jour où, avec les terminales, il nous avait emmenées visiter des malades dans un hôpital. Une vieille dame nous avait confiés que ses enfants ne venaient plus la voir. Il s'était penché vers elle, lui avait parlé longuement. À la fin de la visite, il nous avait dit que la vraie misère est la misère affective. Ce manque d'amour, il le voyait partout, chez les riches comme chez les pauvres, les dames du monde ou les filles des rues. Il l'a sûrement senti chez Loulou: elle a dû en baver pour en arriver là. Sans doute lui a-t-il fait découvrir que Dieu l'aimait et qu'elle pouvait se tourner vers lui les jours où elle n'en pouvait plus de subir les assauts des clients, les soirs où elle se bourrait de somnifères pour oublier les odeurs de sperme, d'urine et de sueur.

« Je suis un être émerveillé », écrit oncle Paul. J'aimerais qu'il me transmette l'ardeur. Les noms des présidents de la IIIe, de la IVe ou de la Ve République, je les aurais oubliés l'an prochain. Sciences Po, pourquoi ? Cette nuit, j'ai encore rêvé de Jean-Michel. J'étais sous un grand sapin. Maïté me remettait un paquet. À l'intérieur, une robe rouge et une lettre de lui : il me disait qu'il m'aimait, qu'il m'attendait. Comment le chasser de mon esprit ? On dirait qu'il s'est glissé dans chacune des cellules de mon crâne.

Corinne a préparé trois quiches, deux salades, et mitonne un bœuf à la niçoise. Dans la casserole, ça fait une heure que les morceaux de viande mijotent avec des olives, des poivrons et des tomates. Punch à gogo. Nous attendons au moins vingt personnes. Ne me reste plus qu'à me laver les cheveux et à enfiler ma jupe gitane. À huit heures, les amis de Corinne envahissent le salon. L'un d'eux, Mathieu de la Garenne, est venu avec un de ses cousins. Un je-ne-sais-quoi en lui m'attire, une blondeur, des yeux lumineux et cette façon d'écarter les bras en riant : « Les filles, je suis fou de joie d'être là, on va bien se marrer. » Son exubérance me fait penser à Jean-Michel. Tel un cabri, il gambade de long en large, avale cul sec un verre de sancerre, entonne *Les Play-Boys*, de Dutronc. J'ignore ce qu'il fait : Sup' de Co ou SupAéro, je m'en fiche. Il ébouriffe ma chevelure, m'embrasse l'épaule, attrape la guitare de Maxime, gratte trois notes et me lance un coussin. Au moment où Corinne apporte son bœuf à la niçoise, il s'extasie : « Et en plus, elles sont bonnes cuisinières, ces petites chattes ! » Le bœuf disparaît en cinq minutes. Sur la rambarde de la fenêtre, Mathieu fume, le regard rivé sur la prostituée aux cheveux paille. Lorsque je lui dis que je discute de temps en temps avec elle, qu'elle se plaint des contrôles de police, il s'échauffe : « J'aime bien ces filles-là, mais je préfère celles qui sont gratuites. » Il a vingt-et-un an, deux sœurs, une particule, veut travailler dans le cinéma, est en stage dans une usine des Pyrénées, raffole de Woody Allen, de Serge Gainsbourg et de Django Reinhardt : un type bien, somme toute. Un pied dans le vide, je lui confie que j'ai envie d'écrire des romans. Il éclate de rire : « Alors, arrête de bosser. Fais ce qui te plaît », avant de me raconter ses balades à cheval dans le Perche. Dès que Corinne nous demande de l'aider à ranger, il m'attire dans ma chambre, s'enveloppe dans la couverture que m'a donnée ma grand-mère en s'écriant : « Bon pour la casse, ton matelas ! » Ses yeux rient, un rire un peu fou. Tel un enfant, il m'embrasse partout. Lorsqu'il soulève ma jupe, je lui dis que c'est un peu tôt, que nous nous connaissons à peine. Il ne se vexe pas.

Quelques minutes plus tard, il brandit le livre d'oncle Paul en ricanant : « C'est le curé qui est mort en extase ? » Je m'emporte : « C'était mon grand-oncle. Tu répètes ce qu'on dit partout. C'est faux, archifaux. » Mathieu saute du lit, baise mon pied droit : « Après tout, je m'en tape : un prêtre est un homme comme les autres. Allez, je m'en vais. »

Le salon ressemble à un champ de bataille. Étendues sur des coussins, Corinne et moi finissons le punch en commentant la soirée. Elle a trouvé Mathieu plutôt bizarre.

Mercredi, en rentrant de Dauphine, une enveloppe jaune clair dans la boîte à lettres.

Ma chère Juliette,

Je crois que tu as fait naître chez moi, ou plutôt dans mon cœur, un sentiment que je n'avais jamais connu. Je vais l'appeler AMOUR. Étant donné que c'est la première fois qu'une telle chose m'arrive, ma vie est complètement détraquée. Dans le bled de montagne où je suis, il n'est pas question de trousser la gueuse. La seule chose qui me ferait plaisir, c'est que tu sois près de moi. Tu vois, ce n'est pas grand-chose. Je rentrerai à Paris ce week-end: si tu es chez toi, tant mieux, si tu n'y es pas, je me suicide. Je t'embrasse très fort et très bien avec toute la science, la souplesse et l'intellectualisme que je possède.

Mathieu (de la Garenne) – on ne sait jamais, Mathieu est un prénom courant, je ne veux pas sombrer dans l'anonymat.

Je relis trois fois sa lettre comme si elle venait d'un inconnu. Étrangement, ses mots ne me troublent pas, sûrement parce que je ne les ai pas assez attendus. Vendredi à vingt heures, lorsqu'il m'appelle pour m'annoncer qu'il viendra chez moi demain après-midi, j'ai l'impression de devoir passer un examen.

Un coup d'aspirateur et des jonquilles sur mon bureau. Quinze heures. C'est lui. Les joues rosées, il se précipite dans mes bras. À califourchon sur ma chaise, il s'amuse à imiter un ouvrier à la chaîne, comme Charlie Chaplin dans *Les Temps modernes*, scandant: « Voilà à quoi j'occupe mes journées, des boulons, toujours des boulons… » Je le regarde avec appréhension tourbillonner dans ma chambre, fureter, feuilleter mon livre d'histoire. « Tu sais, je n'ai cessé de penser à toi », dit-il en passant la main sous mon tee-shirt pour palper mon sein droit. J'en ai la chair de poule. Mon jean, mes baskets, mes chaussettes valdinguent. Il est tout contre moi.

J'ai eu un peu mal, mais ça m'a fait du bien. Mon regard se perd sur le lit défait, les draps maculés de taches et les vêtements dispersés. Un rayon de soleil se promène sur le tableau avant qu'une ombre l'obscurcisse. Mathieu s'est déjà évaporé.

Deux semaines plus tard, toujours aucune nouvelle. Le délai est passé. Mes paupières sont gonflées.

Sur un banc du parc Monceau, penchée sur mes fiches pour le dernier oral d'histoire des idées politiques, je serre mon sac contre ma poitrine, comme si j'avais peur qu'on me vole le petit bazar que j'y fourre : mouchoirs en papier, carnets, bonbons ou cigarettes, des choses qui n'ont aucune valeur mais qui nous perturbent lorsqu'on les perd. Tant que je ne serai pas capable de m'accepter, si bancale que je sois, je ne pourrai pas surmonter mes emballements. Le jour où je tomberai vraiment amoureuse, je ne me dévoilerai pas.

7

UN RAYON DE SOLEIL CARESSE LA DESCENTE DE LIT et mon chapeau d'Italie, ravi de cette éclaircie. La fièvre est tombée. Un cachet d'antibiotiques pour calmer mes douleurs intestinales, et je me lève avec lenteur, si faible que je ne sens plus mon corps. Sur Europe 1, une émission consacrée à la sortie du film de Just Jaeckin, *Histoire d'O*, adapté du roman de Dominique Aury, alias Pauline Réage. Un journaliste évoque les scènes où O, battue, enchaînée, se donne aux hommes pour plaire à son amant. Une militante du MLF dénonce la violence qu'elle subit, un esclavage. Elle invite les femmes à manifester mardi prochain à la Bastille. Pas de chance, je suis en Alsace. Avec *Exhibition* et *Lèvres de sang*, la mode est aux pornos. Les gens s'imaginent-ils que ces actrices bien foutues jouissent dix fois tous les quarts d'heure ? Faut vraiment être frustré pour croire qu'elles atteignent l'orgasme. Si je refuse de trouver du plaisir sans amour, c'est mon choix, même si je suis vieux jeu, même si les magazines me poussent à avoir des relations sexuelles prétendument indispensables à mon équilibre. Ce n'est pas parce qu'une nuit j'ai perdu ma virginité que j'ai ouvert la boîte de Pandore. Au contraire, je sais que cela vaut la peine d'attendre.

On ira / où tu voudras, quand tu voudras / et l'on s'aimera encore / lorsque l'amour sera mort: les paroles du tube de Joe Dassin me trottent dans la tête. Après un séjour au Maroc en famille, je l'ai écouté en boucle tout le mois d'août, potassant pour tenter de décrocher l'examen de rattrapage de Sciences Po en septembre. Quand j'ai appris que je n'étais pas reçue du premier coup, je n'ai pas été surprise. Tout est joué maintenant. Je guette le courrier: les résultats devraient bientôt tomber.

Bonnet afghan de travers, mon père surgit dans la cuisine: «Ta mère n'est pas rentrée? Je l'ai échappé belle. Une peur bleue. Pendant que je visitais les ateliers, une balle de coton est tombée devant moi. J'aurais pu mourir! Heureusement, j'ai été protégé, un signe du ciel.» Ses yeux bleuissent et je l'embrasse, mon merveilleux papa. Dehors, on entend le bruit du moteur de la DS de ma mère. Impeccable dans un tailleur pied-de-poule, elle ferme la porte du garage et traverse le jardin, l'allure déterminée de celles qui portent de lourdes responsabilités. À son bras, une mallette dans laquelle elle range méticuleusement ses dossiers de présidente d'un foyer d'immigrés. Ses journées sont planifiées: pas de temps à perdre au cinéma ou au golf, elle se bat pour trouver des logements et du travail aux étrangers, même si elle n'est pas rémunérée. Presque une missionnaire. Elle dénoue son fichu, s'étonne de voir mon père si tôt à la maison. Lorsqu'il lui apprend ce qui s'est passé, elle joint les mains: «Seigneur! Ça devait arriver. Ils ne respectent pas les consignes de sécurité, ces abrutis.» Tandis que j'épluche des pommes et des poires pour les bouillir, elle me reproche cette «pagaille», toute cette vaisselle. Elle a parlé de moi à la directrice du centre d'accueil de réfugiés cambodgiens et laotiens: on m'y attend demain. «Ça te donnera des idées, dit-elle. Si tu n'as pas Sciences Po, tu pourrais suivre une formation d'assistante sociale ou d'éducatrice. » Je lui dis que ces métiers me barbent, que je préfèrerais m'inscrire en lettres. « Tu n'auras pas la volonté d'aller jusqu'au bout, prétend-elle. Et puis, ces études ne mènent à rien et retardent ta confrontation avec la réalité. » Je me tourne vers mon père, cherchant son approbation ; il se sert un verre de gewurztraminer, n'osant contrarier ma mère. Je m'insurge et reviens sur mon idée de devenir journaliste. Elle se chiffonne : « Pour réussir dans la presse, il faut être pistonné, prêt à tout. Franchement, tu ne vas pas entrer dans ce milieu superficiel et je-m'en-foutiste ! » De guerre lasse, je ne peux m'empêcher de murmurer que mon vrai désir est d'être écrivain. Ma chère mère, si admirable, amoureuse des vers de Racine, ne m'entend plus. Elle me répète qu'écrivain n'est pas un métier et me regarde comme si j'étais une inconnue. Selon elle, l'écriture ne m'apportera que des désillusions. Elle n'a peut-être pas tort, me dis-je en lui jetant : « Je vais trouver du travail, je ne sais pas encore lequel, mais j'ai confiance. »

Dans ma chambre, je remplis trois pages que personne ne lira. Je m'en fiche, j'aime les mots, j'en ai besoin comme d'autres ne peuvent se passer de leurs pinceaux ou de leur archet.

Le lendemain, dans la brume du petit matin, comme je l'ai si souvent fait lorsque j'allais au lycée, je traverse le pont métallique qui enjambe la gare de Mulhouse sur mon vieux solex rouillé. Des réfugiés sont arrivés dans la nuit. Il fallait les voir rire, chanter, se plier aux questions, nous suivre vers le réfectoire où on leur servait des saucisses de Francfort-purée. Un petit homme m'a raconté son évasion d'un camp tenu par les Khmers rouges qui l'ont fait prisonnier parce qu'il était commerçant. Avec des médecins, des professeurs et des étudiants, il a été expédié dans une jungle, obligé de couper du bois, de tailler des pierres, de creuser des fosses pour ceux qui mouraient de faim ou de froid. Sur son visage, la peur de tomber dans les pièges des Rouges, ces trous recouverts de branchages où les fugitifs dépérissent à petit feu, où les cadavres s'amoncellent.

À mon retour, dans la boîte aux lettres, un courrier de Sciences Po. Recalée. Pour deux points en économie. Deux points qui changent un destin ! J'ouvre le frigidaire : un yaourt s'écrase sur le carrelage. Au moment où je rince la serpillière, ma mère fulmine : « Ça glisse par terre. Tu as renversé quelque chose ? » Lorsqu'elle découvre la lettre, elle s'écrie : « Maintenant, tu n'as plus qu'à t'inscrire au cours Pigier. Tu rentres à Paris demain. » Mon père entoure mes épaules. « Tu sais, ma chérie, si tu avais été admise, tu aurais eu du mal à choisir ta voie à la sortie. » Étrangement, je me sens soulagée.

Rue de l'Arc-de-Triomphe, les talons de la dame aux cheveux jaunes pataugent dans la neige boueuse. Elle tient en laisse son caniche couvert d'une petite cape, me demande du feu. Ses doigts aux ongles cerise ouvrent une boîte en écaille d'où elle tire une longue cigarette. Un homme, trench et chapeau, l'aborde. À l'hôtel d'à côté, le caniche grimpera sur le lit et elle lui donnera un sucre pour qu'il ne morde pas les mollets du client.

Lorsque je suis revenue à Paris, il y a deux mois, j'ai tout fait pour éviter Pigier et me suis inscrite en Deug de lettres à Nanterre. Au CIDJ, quai Branly, je suis tombée sur une petite annonce du centre culturel du XVIIe arrondissement qui recherchait une animatrice stagiaire. J'ai lu Jacques Rigaud et sa *Culture pour vivre*: ça m'a décidée. Même si je ne suis pas payée, un bon début. Enfin un travail qui a du sens, comme dirait Paul, lui qui pensait que notre monde se perd dans le matérialisme, la course au profit. Plus je lis *L'Autre, ce mystère*, plus j'aime son enthousiasme, persuadée qu'il n'a pas eu de double vie, qu'il était droit comme un i et non ce pervers jouisseur des caricatures.

Au centre culturel, j'assiste aux activités: poterie, danse, lectures pour enfants... Parfois, je remplace l'hôtesse d'accueil et j'aide la bibliothécaire à classer les livres. Samedi, un jeune peintre exposera ses œuvres dans le hall, une troupe amateur donnera un récital au bistrot à chansons *Le Limonaire*. J'ai déposé une candidature à France Terre d'Asile. Si je suis prise, j'abandonne ce stage. Il serait temps que je gagne ma vie.

Dans mon sac à main, le petit ours en peluche que Rudolf m'a offert à Méribel, où nous avons passé les vacances de Noël en famille. Lorsque je pense à lui, je ne vois que du blanc. En haut d'une piste rouge, le vent soufflait si fort que la neige s'envolait par paquets. Une silhouette, slalomant dans le brouillard, a dérapé sur mes spatules. Dans son anorak marron et son fuseau noir un peu vieillot, Rudolf a posé sur moi un regard vert luisant qui m'a réchauffée. Ma combinaison vichy était trempée. Pour se faire pardonner, il m'a attendue à chaque virage. Au bas de la piste, il m'a proposé un chocolat. Avec son profil grec, il n'a pas l'air d'un Allemand. Il a fait ses études à Boston et veut gagner beaucoup d'argent. Mon chocolat avalé, il m'a dit de son accent guttural : « Je meurs d'envie de t'embrasser. » Je sens encore sa langue s'enfoncer dans ma bouche sur les remonte-pentes, dans les bars et devant le chalet où mes parents avaient loué un appartement. Son train arrive demain matin à onze heures trente. Il part à Londres dimanche, avant de décoller pour New York où il restera six mois.

Des piles de feuilles jonchent la moquette où Corinne bûche son cours d'économie. « Salut ! Tu vas occuper le salon encore longtemps ? », dis-je en posant mon imperméable sur le radiateur. Elle lève le nez : « Je te dérange ou quoi ? Tu n'es jamais là, ni dans la journée ni le soir. Je bosse, moi ! » Je me fais griller un blanc de poulet saupoudré de thym et d'herbes de Provence, m'assieds près d'elle, lui explique qu'un ami arrive demain, qu'il faudra qu'elle libère l'appartement ce week-end. Corinne bondit :

– Tu fais chier ! Maxime a prévu de dormir ici.

– Pour une fois que j'ai quelqu'un.

– Depuis que tu ne fous plus rien, je te trouve sans-gêne, Juliette. Tu rentres du théâtre, d'une conférence, d'un film et tu passes par ma chambre à n'importe quelle heure. Tu perds les pédales, s'écrie Corinne en renversant mon verre de vin.

Je cours chercher un chiffon pour absorber la tache et la tacle : « Pense de moi ce que tu veux. Moi, je n'ai pas choisi de rester dans les rails, comme toi et tes copains. J'essaie de m'en sortir toute seule ! » Le chiffon imbibé, je me réfugie dans mon trou à rats. Un serveur jette un seau d'eau sale dans la rigole de la cour. Rudolf sera bien obligé de s'adapter à mon mode de vie.

Pourvu qu'il ne me parle plus des cours de la Bourse, comme il l'a fait devant une fondue savoyarde. Pas plus mal qu'il parte six mois aux États-Unis : ça me laissera le temps de réfléchir.

Le lendemain, à dix heures vingt-cinq, j'avale un verre de schnaps, me poudre, me parfume, enfile ma veste fourrée et prends le métro vers la gare du Nord. Sur le quai, il marche élégamment vers moi et je me dis qu'il a de la classe, un genre de flegme anglais. Un taxi nous dépose rue de l'Arc-de-Triomphe. Mon appartement semble lui convenir. Il aime mes petites choses, se sent presque chez lui, ouvre sa valise, sort ses caleçons, ses chaussettes, me demande : « Je peux les mettre dans ton placard ? » Bon, me dis-je, je veux bien qu'il range ses affaires à côté des miennes, mais il ne faudrait pas qu'il tire trop fort sur la sonnette quand même. Lorsqu'il impose sa brosse à dents à côté de la mienne, j'ai une petite réaction hygiénique :

– Ouh là, non, pas ta brosse à dents là.

– Et pourquoi, Fräulein, je sens du bec ?

Là-dessus, hilare, il se laisse tomber sur un coussin, en bon bourgeois satisfait d'être enfin *at home* après un voyage d'affaires. Un verre de riesling et nous partons aux puces.

Porte de Clignancourt, il s'extasie devant de vieux gramophones, des cafetières de grand-mère, des coucous. Lorsqu'il demande à un vendeur le prix d'un poste de radio de la guerre, je lui glisse à l'oreille : « C'est peut-être dans celui-ci qu'a causé le général de Gaulle ! » Après un déjeuner Chez Jeannette et une promenade au Quartier latin, il me prévient que nous sommes invités à une réception chez l'ambassadeur d'Afrique du Sud où l'attendent des amis allemands. Je tente de me défiler, il insiste : il tient beaucoup à ce que je rencontre ses anciens camarades de collège.

Parmi des pingouins et des serveurs en gants blancs, il me présente à l'épouse de l'ambassadeur comme si j'étais sa fiancée. Des hommes d'affaires m'invitent déjà dans leurs propriétés en Espagne ou en Italie. Un jeune directeur chez Daimler-Benz veut organiser un petit dîner avec sa femme. J'étouffe, je dis à Rudolf que j'ai envie de rentrer. Devant l'ambassade, il marche sur une crotte de chien, s'aperçoit que c'est celle du teckel à poil ras de l'ambassadrice qui vient de grimper dans sa voiture, essuie sa semelle, sourit : « Tout le monde est amoureux de toi. Quand je reviendrai de New York, nous nous marierons et nous serons riches. »

En tailleur sur la moquette, devant un camembert qui sent la chaussette, il défend Giscard à la barre. Se voit déjà dans une grande maison du quartier chic de Francfort, avec dressing, cuisine moderne, nurse, et me parle de ses actions auxquelles je ne comprends rien. À quatre heures du matin, emmailloté dans un sac de couchage, il se colle à moi et je sens son sexe à travers le sac. « Je te respecte trop pour aller plus loin, dit-il, bonne nuit, *my angel.* » À mon réveil, il est déjà douché, rasé de près, un foulard de soie autour du cou. Son bateau pour Londres part dans deux heures. Sa langue à nouveau cherche la mienne. Il me jure qu'il me sera fidèle et disparaît.

Plus les jours passent, plus je me détache de lui. Non pas qu'il soit Allemand ou daltonien, mais parce qu'avec lui je serai une femme entretenue. Dans le RER qui me ramène de Nanterre, où j'ai erré dans les couloirs de la fac à la recherche d'un cours sur Chrétien de Troyes, je me plonge dans *Le Temps de l'innocence.*

Ah, si je pouvais écrire comme Edith Wharton et raconter une passion *old-fashioned*, je m'inspirerais des amours interdites entre cousins chez mes grands-parents alsaciens. Au lieu de cela, je déposerai demain un dossier pour une formation de huit jours afin d'être animatrice dans un camp de neige en Savoie.

À la nuit tombée, Corinne s'assied sur mon lit, une mèche de cheveux à la bouche: « Excuse-moi pour ce que je t'ai dit l'autre jour. Tu es une fille bien, tu m'aides à dédramatiser les choses, mine de rien. Tu sais, j'ai reçu une éducation plus rigide que la tienne, je t'envie d'être si spontanée. » Lorsqu'elle rejoint Maxime, je dévore une demi-tablette de Côte d'Or. Dès demain, plus de sucreries, je jeûne pendant quarante jours, ma façon de m'éprouver, de me purifier. À la radio, on dénonce les casseurs qui ont brisé des vitrines et pillé des magasins lors d'une manifestation près de République. Le personnel de l'Opéra est en grève, le franc se casse la gueule, la gauche monte. Ce 14 mars, elle a remporté un immense succès aux cantonales. Un pied de nez à Giscard.

Ce matin, je suis allée à l'enterrement de la fille d'une amie d'Adèle. Elle s'appelait Lola, elle avait dix ans. Elle est morte sur une piste de ski. Pendant la messe, j'ai été communier pour m'approcher des premiers rangs. Ils étaient là, ces chers Dumontel, ma famille adoptive. À côté de Bijou, pâle et grave, Jean-Michel m'a souri, un sourire si doux qu'en un éclair j'ai oublié Mathieu et Rudolf, j'ai su que c'était lui, toujours lui, qui me ferait tressaillir, et j'ai regagné ma place.

Ce week-end, je suis restée seule chez moi, j'ai oublié mes résolutions et j'ai un peu vieilli.

8

LE DOS CONTRE LE RADIATEUR, je sirote une tisane. Depuis son arrivée rue de l'Arc-de-Triomphe, ma nouvelle colocataire, Julia, une grande bringue américaine, passe son temps à se laver les dents. Tirée à quatre épingles, elle se change cinq fois par jour, enveloppe chaque plat dans du Sopalin, met des gants pour laver la salade et ne cesse de me reprocher de jeter mes Tampax dans les corbeilles à papier ou de laisser les assiettes sales dans l'évier. Sous ses airs de sainte nitouche, elle m'a quand même piqué mon Kamasutra. Depuis, lorsqu'elle fait l'amour en silence avec son *boyfriend* je les imagine enlacés comme des serpents autour d'un mât, inspirant en chœur pour atteindre la Kundalini. Au printemps, j'aurai vingt-deux ans et je ne me vois pas pourrir ici. Quand je pense que Camille a eu une petite fille. Dehors, la grêle frappe aux carreaux.

Cet été, mon père m'a dissuadée de m'engager avec Rudolf: il me voit mal vivre en Allemagne, dans une ville où je risque de me sentir loin de tout. Alors, quand Rudolf m'a téléphoné gare du Nord, je lui ai dit que j'avais réfléchi et que je ne le rejoindrai pas. J'entends encore son hurlement de cerf aux abois. Étrangement, j'ai trouvé un certain plaisir à le blesser.

Mon expérience d'animatrice dans une colonie de vacances en Savoie s'est avérée un fiasco. Le directeur a lu une carte postale adressée à Corinne dans laquelle j'avais écrit : *Le directeur est idiot*, et j'ai été virée manu militari. Aucune importance : mes recherches d'emploi ont porté leurs fruits. Au cours d'un stage d'expression corporelle, une Italienne m'a proposé d'animer une formation d'insertion « longue durée » pour une douzaine de jeunes d'Aulnay-sous-Bois, la plupart maghrébins ou africains. Je n'ai pas hésité.

Ce matin, au centre de formation, autour de tables disposées en U, j'ai demandé aux stagiaires de rédiger un curriculum vitae. L'un d'eux, un grand baraqué, s'est mis à gueuler : « À quoi ça sert, mademoiselle ? Je n'ai jamais bossé. » J'ai eu beau lui dire qu'il faut faire valoir ses expériences, si minimes soient-elles, il a sorti un couteau et l'a dirigé vers moi en criant qu'il n'en avait rien à foutre de ce stage. Deux types du groupe ont fini par l'immobiliser. Heureusement, la semaine prochaine, mes stagiaires intègrent les petites entreprises où je leur ai dégotté des boulots. Afin de me changer les idées, je me plonge dans le *Journal* d'Anaïs Nin.

Comment retrouver Jean-Michel ? Ma mère m'a appris que Solange vivait avec son nouveau mari dans le VIIe arrondissement, mais elle n'a pas son téléphone. Dune loge chez des amis je ne sais où. Quant à Adèle, je ne l'ai pas revue depuis son mariage où je n'ai pas été invitée. J'ouvre *De l'isolement à la solitude*, de Denis Vasse, et note : *La solitude est le creuset de l'amour. Elle est l'épreuve…* Mes yeux se ferment et je m'en remets à Dieu.

Déjà dix heures, j'ai trop dormi. En jogging, une tasse de café à la main, Julia lit *Elle*, tournant les pages de ses ongles manucurés.

« Hello, miss, j'ai une *great news* à t'annoncer : je me fiance. Je prévois de rester jusqu'en décembre, si cela ne t'ennuie pas », dit-elle en arrachant une recette de cuisine. Je marmonne : « Pas du tout ».

Dans la lumière blonde qui se meurt sur le pavé, je longe l'avenue Raphaël où des chiens furètent sur l'herbe bleutée. Diane m'attend pour le thé. Je lui ai apporté le catalogue de l'exposition du Grand Palais consacrée au centenaire de l'impressionnisme d'où je reviens. Dans l'entrée, Maïté m'avertit : « Ta grand-mère a une visite, sois discrète. » Autour de la table-bateau où s'épanouissent des roses blanches, Diane sert une tasse d'Earl Grey à une petite femme vêtue d'un tailleur rouge. Son visage auréolé de boucles cendrées semble si finement dessiné qu'on la croirait sortie d'un médaillon. Son nez en trompette et sa posture tout en retenue imposent le respect. Ma grand-mère me présente Mme de Bernis qu'elle appelle Mado, le diminutif de Madeleine, et m'explique qu'elle est très impliquée dans l'association des amis d'oncle Paul. Tandis que je croque un sablé, la dame en rouge me jette un regard si appuyé que je baisse les yeux. À l'évocation des souvenirs du père Dantec dans leur maison de Beg-Meil où elle l'avait invité plusieurs étés de suite, elle s'illumine : « Il fallait le voir pêcher des crevettes avec la bande de cousins ! Il jubilait lorsque son épuisette frétillait. Il adorait jouer au poker menteur, gagnait toujours. Je le revois dévaler l'escalier, cheveux en bataille, vêtements chiffonnés, pour dévorer des fruits de mer. » Prête à remuer terre et ciel pour blanchir celui qui fut son directeur de conscience, elle milite afin de faire taire à jamais les mauvaises langues. Soudain, comme si sa vie en dépendait, elle fixe ma grand-mère : « Peu de gens l'ont défendu, surtout parmi ses proches. Quand je pense que des journalistes catholiques ont osé trahir celui qu'ils vénéraient, insinuant qu'il jouait un double jeu, c'est une honte. Sur quoi se fondent-ils ? Le jour de sa mort, le père Dantec est parti de chez lui à quinze heures quinze. Loulou Mariani a appelé Police Secours à quinze heures quarante-huit : en si peu de temps, il n'a pas pu se déshabiller, contrairement à ce qu'on a fait croire ! De plus, cette femme n'exerçait pas chez elle. Tout prouve l'innocence du cardinal. Vous comprenez pourquoi, chère madame, il est essentiel de publier son journal, ainsi que des témoignages de personnalités. » La tasse de thé de Diane tremble. Comme Mme de Bernis insiste sur l'urgence de cette publication, ma grand-mère explose : « N'en faites rien. Vous risquez d'attirer les foudres de la presse. »

Lassée de cet échange sous tension, je m'apprête à rejoindre Maïté lorsque Mme de Bernis me hèle : « Ma chère Juliette, viendriez-vous dîner à la maison la semaine prochaine ? Je vous présenterai mes fils. » Je la remercie, me disant qu'ils doivent être à l'image des élèves de Sciences Po, barbants.

À la cuisine, Maïté moud des légumes pour une soupe. « Elle n'a pas l'air facile, cette dame », glisse-t-elle.

Le samedi suivant, je me perds dans le Marais et finis par déboucher rue des Rosiers où des hommes en longue robe noire, le visage encadré de boucles, déambulent, tels des rois. Du côté de chez Goldenberg, je m'attarde devant des monceaux d'épices, d'olives roses et de dattes Medjoul, comme dans les souks. Au 5, rue des Francs-Bourgeois, un grand porche donne sur la cour pavée d'un hôtel XVIIe où l'on devine, derrière des verrières, des ateliers d'artistes. Un escalier majestueux mène au deuxième étage. Une femme de ménage philippine me fait entrer dans un boudoir aux plafonds hauts. Un instant plus tard, Mme de Bernis surgit. « Nous commencions à nous impatienter, ma petite », dit-elle en trottinant vers un salon aux poutres peintes, meublé de bergères et de consoles légères, où crépite un feu de bois. Çà et là, des bougies exhalent des odeurs d'ambre et de musc. Deux jeunes hommes se lèvent. L'un d'eux porte une longue barbe fleurie. « Ambroise, mon fils aîné, m'annonce Mme de Bernis. Il rentre d'un pèlerinage en Israël. » Le cadet, Louis, esquisse un sourire malicieux. Les cheveux en brosse, l'œil farceur, il m'explique qu'il fait son service militaire, qu'il a hâte d'en finir. Près du feu, Jules de Bernis s'élance, tel un lifteur, pour me saluer d'une poignée de main ferme. « Une larme de pastis, ma petite ? », propose Mado avant de faire tinter une clochette.

Dans une salle à manger tapissée de feuillages, elle me place entre son mari et Ambroise. La femme de chambre sert du bortsch. « Une recette de tante Sonia », précise la maîtresse de maison qui égrène les noms des membres de sa famille russo-polonaise et me raconte la chasse au loup de son oncle Groucho dans les forêts de bouleaux, sa nuit dans une hutte au bord d'un lac où des ours pêchaient le saumon, et les repas dans une datcha avec caviar à profusion. Je me brûle la langue, goûte un pirojki, ce petit ravioli fourré de viande. Jules tourne sa tête d'épervier vers moi et me demande ce que je fais dans la vie. Quand je lui dis que j'anime un stage pour des délinquants en banlieue, il me parle de Malraux, de son engagement avant-guerre dans les jeunesses communistes. Mado l'interrompt pour se vanter d'avoir eu le premier prix de piano du Conservatoire de Nantes. L'air chafouin, elle se plaint d'avoir dû abandonner la musique après son mariage pour se consacrer à ses enfants, avant de s'exclamer :

« Le père Dantec m'a beaucoup soutenue. Nous avions de longs échanges au cours desquels nous parlions de tout, de la Russie comme des chrétiens d'Orient dont il aimait les cérémonies. Vous savez, il ne supportait pas les messes où les prêtres jouent de la guitare et s'affligeait que les offices perdent leur dimension sacrée. Nous étions très liés. Chaque fois que je me confiais à lui, je me sentais apaisée. » Lorsqu'elle revient sur son désir de le réhabiliter, Ambroise me passe le pot de crème. J'en profite pour l'interroger sur son périple en Terre Sainte. Louis se rit de la barbe de son frère et me confie qu'il se fiche des chars et des troufions. En me proposant un autre pirojki, il veut savoir où vivent mes parents, ce que fait mon père. Une attention qui me touche. La femme de chambre pose un pâté en croûte au centre de la table. « Ma petite Juliette, saviez-vous que le koulibiac se mange au Nouvel An orthodoxe, chez les riches comme chez les pauvres ? clame Mado. Il faut du riz basmati, du saumon, des champignons et de l'aneth pour qu'il soit fondant à l'intérieur. » Alors qu'elle m'en sert une grosse part, je me demande comment je vais arriver à bout de cet étouffe-chrétien.

Après des fraises au sucre, la famille se réunit autour de la cheminée. « Nous formons une tribu très soudée », insiste Mado. Ils seraient au moins une cinquantaine, se verraient souvent à Paris et se retrouveraient l'été à Beg-Meil. La petite dame ne tarit pas d'éloges sur sa cousine peintre, son oncle écrivain, ses neveux si brillants, regrettant que l'un d'eux ait préféré les affaires à la musique, « alors qu'il était si doué, ce pauvre chéri. » C'en est trop : je la remercie pour ce délicieux repas, salue son mari et demande à Ambroise de me donner ses adresses en Israël. Sur le pas de la porte, dans la fumée de son cigarillo, les yeux noisette de Louis scintillent. Deux bises, et il promet de me faire signe à la rentrée. Par politesse ?

Dans l'escalier, je me retiens à la rampe en fer forgé pour ne pas glisser sur les marches cirées. Dehors, un affûteur de couteaux ambulant crie : « Pour tuer le cochon, mesdames et messieurs. » À minuit, j'avale un Alka-Seltzer.

Corinne m'a proposé une virée en Espagne, sa manière d'enterrer sa vie de jeune fille avant son mariage avec Maxime. Banco. Le 14 juillet, après un interminable trajet en train, nous arrivons à dix heures du soir à Madrid. Plaza Major, après nous être gavées de tapas, nous nous endormons dans le dortoir d'une auberge de jeunesse qui empeste le bouc. Deux jours plus tard, dans notre Seat noire louée, nous roulons vers Tolède. La nuit tombe. Corinne se gare devant la gendarmerie et nous nous allongeons tête-bêche sur la banquette arrière de la voiture. Au réveil, toute poisseuse, je me débarbouille dans les toilettes d'un bar et commande un expresso. Un vendeur à la sauvette vante ses cartes postales de l'Alcazar et de la cathédrale. Écrire à Louis ? Il risque de s'imaginer que je le drague.

Cher Louis,

J'espère que tu tiens bon chez les militaires. Ici, en Espagne, c'est la fête tous les soirs. Si l'envie te vient de déserter l'armée, je serais ravie de te revoir.

Juliette

Déjà la rentrée. Rue de l'Arc-de-Triomphe, des pigeons picorent des miettes de pain que leur lance une vieille dame, les enfants reprennent le chemin de l'école, les filles de joie, celui du trottoir. Un costard-cravate lambine vers la dame au petit chien. Marché conclu, ils s'engouffrent dans l'hôtel de l'Étoile. Derrière une vitre teintée, je les aperçois près du bar où des filles en paillettes et dentelles se languissent. Dans une chambrette à papier peint jauni, elle lui servira du Ruinart, lui demandera des nouvelles de sa femme, et lui donnera ce que celle-ci lui refuse.

J'ai hâte que mon travail à Aulnay-sous-Bois se termine. Cet après-midi, le chef d'atelier d'un garage m'a téléphoné : un de mes stagiaires lui a volé son portefeuille dans la poche de son tablier ! Décidément, je ne suis pas faite pour m'occuper de délinquants. Tandis que Julia et son fiancé dégustent une pizza sur la table en formica, le téléphone sonne.

– Vous êtes ?

– Tu m'as déjà oublié, c'est moi Louis, Louis de Bernis, comme le cardinal.

– Ah ! Pardon, ça fait longtemps. Toujours troufion ?

Il vient d'être embauché dans une entreprise de bâtiment, me demande ce que je fais demain. « Un bistrot russe, ça te tenterait ? On se retrouve devant l'église des Billettes ? » Veut-il me revoir parce que sa mère le lui a conseillé ? Qu'importe ! Je n'ai jamais été dans un restaurant russe.

Avec mon pantalon de velours à grosses côtes marron, je me dis que je n'aurai pas l'air trop emprunté, même si j'ai bouclé mes cheveux avec des bigoudis chauffants. Place de l'Hôtel-de-Ville, un manège de chevaux de bois grince à n'en plus finir. Comme j'ai dix minutes d'avance, j'entre dans le cloître des

Billettes où des flambeaux éclairent les arcades de l'ancien couvent médiéval des frères de la Charité-Notre-Dame.

Soudain, les cheveux dressés sur la tête, Louis surgit derrière un pilier, tel Zébulon. Quelques instants plus tard, il me prend le bras et me conduit vers un bistrot ouzbek où l'on joue de la balalaïka. Samsa? Shourpa? Mantis? Va pour une salade atchik-tchutchuk. « Un assortiment pour deux? », propose Louis qui se dit soulagé de ne plus dépendre de ses parents. Fier de participer au projet de construction d'une cité de verre à Marseille, il se passionne pour le travail des architectes et les équipes d'ouvriers en bâtiment qu'il recrute. Tchin-tchin. Afin de le sortir du béton, je lui raconte les bagarres et les vols de mes stagiaires. « C'est courageux de ta part », dit-il avant de me raconter que, à douze ans, flanqué de son cousin, il avait harponné une roussette de la taille d'un requin à Beg-Meil. La bête sanguinolente était tellement énorme que les gamins l'avaient ramenée sur leur dos chez le poissonnier, histoire de s'offrir des malabars. Il se souvient aussi des pêches miraculeuses du père Dantec, des parties de pétanque et de croquet où il trichait sans vergogne. Lorsqu'il allume un Havane et me confie qu'il l'a chipé à son père, l'odeur mielleuse du tabac cubain m'assoupit, je l'imagine galoper dans les steppes de Mongolie, tel un Tartare, un steak sous la selle, sabre à la taille, affrontant les ours et les loups, droit dans ses bottes rouges. Je le vois aussi, entouré de sa grande famille, à l'ombre d'un vieux pin où Paul Dantec célèbre la messe sur un petit autel de pierres, et j'ai l'impression que, là-haut, le truculent jésuite sourit de nous voir boire à sa santé. Après un dernier verre de vodka, Louis écrase son cigare et me propose de visiter l'église des Billettes. Un homme qui aime les lieux saints, c'est plutôt rassurant, me dis-je lorsqu'il m'indique une plaque sur laquelle on lit : *la maison où Dieu fut bouilli.* Il connaît tout sur la légende du miracle de l'hostie qui aurait été jetée dans l'eau bouillante par le Juif Jonathas et se serait mise à voler. Je veux en savoir plus, mais il m'entraîne vers une échelle et nous grimpons jusqu'à l'orgue de l'église. Là-haut, blottis contre les tuyaux, nous nous embrassons avec fougue.

Le lendemain, il m'appelle, le surlendemain aussi. Nous sortons tous les soirs, dans des bars polonais, mongols, tartares, bohèmes ou slovènes. Après un dîner russe, alors que nous titubons, bras dessus bras dessous, le long de la rue Sainte-Croix-de-la-Bretonnerie, il se dirige vers un porche gris. Un escalier en colimaçon mène à son studio à tommettes, zinc en cuivre et cheminée en vieilles pierres. « C'est ma mère qui l'a décoré », rit Louis. Et je ne peux m'empêcher de penser qu'elle a du goût, cette petite dame qui a eu la bonne idée d'investir dans ce quartier déserté depuis belle lurette par la noblesse. Lorsque Louis met les partitas de Gould et m'explique que ce pianiste-compositeur canadien a interprété les *Variations Goldberg* de Bach, je sais que j'aime Gould.

Rue de l'Arc-de-Triomphe, il a tôt fait de charmer Julia. Dans la cuisine, au moment où je sors du frigidaire une bouteille de chablis, il me verse un verre d'eau froide sur la tête en s'esclaffant. Les cheveux enroulés dans une serviette, je fais mine de rire de sa farce lorsqu'il s'empare d'un œuf et me défie : « Tu l'attrapes ? » Cette fois, je ne me laisse pas surprendre.

Sur mon lit, nous nous dorlotons dans la laine des chèvres qui broutent sur les hauteurs de l'Himalaya. Lorsqu'il découvre sur ma table de nuit le livre d'oncle Paul, il se réjouit : « Le père Dantec était un bon vivant, mais surtout un être habité. Il m'a transmis sa foi solide comme un roc. Il croyait tellement à la résurrection qu'il était impatient de grimper au ciel. Je n'ai aucun doute sur sa mort. » Plus je l'écoute, plus j'ai la conviction qu'au-delà de son caractère entier, ses blessures et ses angoisses, une flamme brille chez cet homme, un phare dans la nuit.

À Noël, chacun apporte à l'autre un cadeau. Un cachemire bleu marine pour lui, un bleu clair pour moi. Bon signe. Après les fêtes, Louis me promet que, le 2 février, il passera chez moi me dire un secret. Ce soir-là, j'ai mis ma robe de gitane, acheté une bouteille de J&B. À neuf heures, il n'est toujours pas là. J'appelle ma mère qui me conseille de le joindre au plus vite. À son ton autoritaire, je sens qu'elle panique, comme si mon avenir dépendait de ce rendez-vous. À onze heures, on sonne. Sur le paillasson, un peu éméché, Louis me prend par la taille et se lance : « Voilà mon secret : tu veux être ma fiancée ? »

9

L**E TEMPS A PASSÉ, ET IL A PASSÉ VITE.** Le bouquet d'une de mes demoiselles d'honneur jaunit doucement sur la commode Empire que Diane m'a offerte afin de meubler notre appartement rue Rambuteau, non loin de chez mes beaux-parents, chez qui nous déjeunons le dimanche. Au fond d'un placard, ma robe de mariée gît dans un sac plein d'antimite. À côté, mes vêtements de femme enceinte: un mois après notre voyage de noces aux Canaries, j'attendais Laura.

Parmi les criques de Beg-Meil qui se succèdent de chaque côté du port, il en est une qui a ma préférence: la plage des Oiseaux. Sans doute parce que je m'y sens protégée par les rochers qui l'entourent en berceau et les branches de pin qui s'y penchent, répandant un peu d'ombre aux heures chaudes. Ici, la mer transparente s'unit avec le ciel, si bien qu'ils se confondent. Mes yeux se promènent vers Concarneau, cherchant quelques mâts dans la brume où se découvrent, tels des cailloux géants, les îles de Glénan. Sur le rivage, Laura ramasse des coquillages en poussant des cris de joie devant les vaguelettes qui clapotent. À son passage, des mouettes s'envolent. Enveloppée dans une marinière, elle m'ouvre les bras : « Je t'aime, maman. » Son sourire illumine son visage à l'ovale en forme de cœur et ses grands yeux noisette. D'habitude, je rejoins la tribu sur la plage du cap Coz où les cousins font de la planche à voile en combinaison. Cette fois, j'ai eu envie d'être seule, non que je me lasse des rassemblements familiaux où chacun vient saluer ma belle-mère installée sur sa serviette Chanel, mais parce que j'ai emporté un livre sur la légende du roi Gradlon, de saint Ronan et de Kében, cette druidesse révoltée par la conversion de son mari, une légende à l'origine de Locronan, où j'irai demain.

Sur le chemin bordé de fougères qui mène à la maison, Laura traîne un peu les pieds. Les senteurs sucrées des pins se mélangent à celles des pommiers. Une barrière en bois s'ouvre sur la pelouse qui délimite les trois maisons des Bernis, non loin de celles des autres membres de la famille. Avec leurs tuiles grises et leurs fenêtres à petits carreaux, elles ont le charme des demeures du temps où Proust logeait à l'hôtel Fermont du port. La nôtre, un peu à l'écart, a gardé son toit de chaume. Pour fuir la foule, le clan se réunit en juillet et hors saison, comme cette année, aux vacances de février, afin d'y jouir du calme et de la douceur du bord de mer.

Laura réclame à boire. Je lui sers un verre de jus de pomme et l'accompagne dans sa chambre. Raquette de tennis à l'épaule, short taché de terre rougeâtre, Louis ouvre le frigidaire, attrape une bière, se plaint d'avoir mal à la cheville droite, qu'il a pourtant bandée. Je lui conseille de s'arrêter un peu, le temps qu'elle se repose. Il n'en a aucune envie : avant le dîner, il a promis à ses cousins de faire un double. Sur la table, une salade de tomates à la feta et le crabe que j'ai fait cuire ce matin. Pendant qu'il casse les pattes du tourteau à coups de marteau, je me délecte de l'intérieur de la bête. Ce soir, nous sommes invités à prendre un verre chez sa mère. La veille, c'était à un dîner chez sa sœur et lundi, au concert de tante Zita. Demain, oncle François organise une partie d'ambassadeur. Chaque fois les mêmes, toujours une autre ambiance.

Après le café, pendant que Louis va jouer au croquet avec oncle François, je range la cuisine, puis monte dans notre chambre où il y a juste la place pour un grand lit et une penderie encastrée. Sous la couette, je me concentre sur chacune des parties de mon corps afin que ma respiration descende jusqu'aux orteils pour remonter jusqu'au chakra du front. J'ai glissé mon dernier cahier sous un pull, mais j'ai à peine le temps d'y noter mes impressions du jour. Laura s'est réveillée. Pourvu qu'elle n'ait pas froid. Où est passée la jeune fille au pair ? Elle ne pense qu'à retrouver ses copains à Fouesnant ou à Quimper. Je suis médisante : elle repasse dans sa chambre.

Avant d'aller chez ma belle-mère, nous nous arrêtons avec Laura dans le jardin clos où les enfants grimpent sur les branches d'un vieux chêne. Près du tronc, le petit autel où Dantec disait la messe. Ici, tous les cousins me parlent de lui comme s'il faisait partie de la famille. Cherchent-ils en moi de pâles reflets de mon grand-oncle ? Auréolée de cette gloire qui parfois me pèse, je n'ose émettre l'idée que, même s'il était mort dans les bras de Loulou, il n'en resterait pas moins celui qu'ils ont aimé.

Laura confiée à la jeune fille au pair, je roule en pente douce vers Locronan sous la bruine. Au creux d'un vallon, les vieilles maisons aux toitures d'ardoise se nichent autour de l'église dont le clocher, affublé d'un pénity, ressemble à un tambour. Sur la place, l'atelier du maréchal-ferrant est devenu un café, la vieille auberge, une boutique de souvenirs, mais le vieux puits fleuri par la mairie est toujours là, et les demeures que mon arrière-grand-père avait classées rappellent le temps où le bourg regorgeait de tisserands et de marchands de toile à voile. Sur le pavé des ruelles résonnent encore les coups secs des hachoirs, le crissement des rouets, le cliquetis des navettes et le gargouillis de l'eau des routoirs. Je sens l'odeur des vaches et des chevaux de trait, je crois entendre une charrette de foin rouler, des sabots claquer. Une vieille file sa quenouille, Job sculpte un saint Ronan de bois. Parmi les enfants de chœur, Paul, qu'on surnommait Guénito, grimpe les marches qui mènent à l'église, portant avec fierté sa bannière. À l'intérieur, on dirait que chaque pierre, chaque pilier se souvient du petit garçon qui venait à l'office tous les matins, avant de rentrer par le raidillon qui longe le cimetière et d'anciennes fermes.

En haut du chemin, le cœur battant, je m'arrête devant un grand sapin avec l'impression d'arriver chez moi. Un jardin d'herbes folles. Derrière des brassées de rhododendrons bleus, le manoir de pierre grise surgit dans la brume. À travers une fenêtre, une grande salle aux murs blancs placardés d'affiches. Plus rien, il ne reste plus rien de ceux qui ont vécu ici, ni l'escalier de bois, ni les rideaux de Jouy, ni les meubles bretons, ni la cheminée où sautaient ces crêpes de blé noir aux odeurs d'andouille et de beurre salé du temps où, petite fille, j'y passais mes étés. Au milieu des fougères et des bruyères, un petit dolmen. Peut-être celui sur lequel Paul disposait des répliques d'ornements de messe avant de rejoindre la cohorte des pèlerins de la Troménie qui prenait l'ancien chemin des druides, là où les femmes stériles chevauchaient une pierre plate appelée la jument blanche. Un jour, je raconterai l'époque des métiers à tisser, des lavoirs, des porteurs de bannières en veste de drap bleu, des femmes en longue robe noire ornée de fleurs d'été et des marins disparus. Un jour, je ferai revivre Paul à la pêche aux moules à Sainte-Anne-la-Palud, devant la fontaine miraculeuse de la forêt de Nevet et sur la place du village où Job fit son profil. Un jour, j'écrirai le livre que je lui ai promis.

Mes nausées ont commencé dans le train pour Paris. Mon gynéco est formel : je suis enceinte de deux mois. Lorsqu'il m'a dit : « Tout s'annonce bien », j'ai été rassurée, mais c'est un peu tôt, je commence un nouveau travail et nous n'avons pas beaucoup de place dans l'appartement de la rue Rambuteau, où Louis a gratté les poutres du plafond, retiré une centaine de clous et passé le tout au Xylophène, à s'en brûler les yeux. Une grande pièce à vivre avec un large fauteuil en osier en forme de nid sur lequel nous nous vautrons et notre lit carré, entouré de deux lampes de chevets aux pieds en bois doré. Une seule chambre, celle de Laura, l'entrée servant de salle à manger lorsque nous recevons. Chaque fois, je liste le nom des invités sur un cahier à couverture cartonnée. J'y ai aussi recopié la recette du bortsch, du koulibiac et du bœuf Stroganov de ma belle-mère.

J'ai déposé Laura à la halte-garderie. Le temps de prendre une douche et je me rendrai à Pigalle, où j'anime un stage pour des femmes qui ont cessé de travailler depuis des années afin de se consacrer à leurs enfants. Mon ventre s'est déjà arrondi. Je me frictionne au gant de crin et m'enduis d'huile d'amande douce. Un coup de brosse, et je descends quatre étages par un escalier si raide que j'ai peur de le dévaler sur les fesses. Au premier, une jeune femme aux cheveux jusqu'à la taille sort de chez mon voisin, son amant.

Après un changement à Concorde, je trottine, rue Blanche, vers l'immeuble baroque dans lequel a lieu le stage. À l'intérieur, des fresques érotiques rappellent l'ancien boxon des années vingt. Un bonjour aux femmes qui m'attendent, et j'entre dans le vieux fumoir aux murs décorés de torsades dorées, transformé en salle de cours. Un instant, je songe aux cocottes, gourgandines et catins qui y servaient de l'absinthe ou du vin de champagne aux messieurs plastronnés, avant de lever la jambe, tchatchatcha, sur une petite estrade. Loulou travaillait-elle dans une maison de passe ou sur le trottoir ? Comment en est-elle venue à exercer ce drôle de métier ? Elle devait avoir besoin d'argent, pour se loger, s'acheter une voiture, rembourser ses dettes. Est-ce son homme qui l'a poussée à se vendre ? A-t-elle voulu, par amour, un enfant de lui ? Lui a-t-elle apporté de la bière, des cigarettes et des photos de sa fille en prison ? Lorsqu'il a fallu payer l'avocat, elle n'en avait pas les moyens. Alors elle a pensé à ce prêtre qui savait si bien les écouter, les filles de Pigalle. Un homme comme lui n'est pas bien riche, mais elle ne connaissait personne d'autre, et lorsque Paul a accepté de la soutenir, elle ne savait comment le remercier.

Les vingt-trois femmes prennent place autour de tables en arc-en-ciel. Le stage dure cinq semaines à mi-temps et les prépare à une réorientation professionnelle ou à une recherche d'emploi. Il a commencé il y a trois jours. Comme chaque matin, on fait le point. Une brune un peu pincée, chemisier de soie, pendentifs aux oreilles, prend la parole : « Voilà, pas facile d'intervenir, bredouille-t-elle. J'ai cinq enfants, je suis mariée depuis huit ans, j'aime mon mari, mais ces derniers temps il rentrait tard, il me disait qu'il avait des réunions. Le jour où il m'a annoncé qu'il se rendait à un séminaire à Toulouse, je n'ai pas tiqué. Le dimanche, quand il m'a appelée pour me dire qu'il était obligé de rester là-bas jusqu'au lendemain soir, je l'ai plaint. À son retour, j'ai apporté son costume chez le teinturier et fouillé dans la poche de la veste afin de vérifier qu'il n'avait rien oublié. Et là, j'ai découvert un ticket de carte bleue avec le nom d'un hôtel à Venise, *Pensionne Acamedia.* Après avoir hésité, j'ai fini par joindre l'hôtel : il avait réservé une chambre double pour trois nuits ! Cachée dans un café, je l'ai attendu à la sortie du bureau. Lorsqu'il en est sorti, une décapotable est arrivée : au volant, une blonde. Je les ai suivis, ils ont confié la voiture à un gardien du Georges V. Alors, j'ai écrit sur le pare-brise avec mon rouge à lèvres : "On baise bien ?" » Les mains de la femme aux pendentifs tremblent. Je lui souris et lui demande ce qu'elle aime faire à ses heures perdues. Elle avoue qu'en dehors de la décoration de son appartement, elle ne voit pas. Je lui suggère d'aider ses amies à faire revivre leur intérieur.

À cet instant, une rousse grassouillette se racle la gorge : un cousin de son mari leur avait promis de faire fructifier leur argent en leur proposant des placements à vingt pour cent. « Nous lui avons fait confiance, insiste-t-elle. Il nous a menti et s'engraissait à nos dépens. Nous avons tout perdu. » D'une voix douce, elle ajoute qu'elle aimerait travailler dans les assurances. Je l'y encourage et l'invite à soigner, voire à gonfler, son CV.

Des doigts se lèvent. Une jeune femme au teint de lait raconte. Elle s'est mariée, il y a trois ans. Au début, son mari était charmant. Très vite, il n'a cessé de la critiquer devant ses amis, répétant : « Je pense, elle dépense ; ma femme a toujours besoin de se faire remarquer. » Ces derniers temps, il s'énervait pour un rien. Il y a quelques jours, il s'est mis à cogner contre la porte de la cuisine, parce qu'elle lui reprochait de rudoyer leur fils. Ensuite, il a levé la main et l'a giflée si fort qu'elle est tombée à la renverse. « Si vous saviez, au travail, il est si amical, si apprécié, un autre homme », dit-elle, la gorge nouée. Chacune y va de son conseil : dépose plainte, va chez ta mère, prends un bon avocat… Je compatis. La jeune femme retrouve ses couleurs et déclare froidement : « Je vais mettre de la mort-aux-rats dans un gâteau ou le pousser par la fenêtre afin qu'on croie à un suicide. » Après un silence, je propose un petit exercice de mémoire. À la fin de la matinée, chacune note ses impressions du jour. En ramassant les feuilles, je leur souhaite une belle journée.

Rue de Douai, je m'arrête devant Le Sans Souci, me souvenant du roman de Kessel. Au coin de la rue, une grande blonde ouvre son manteau aux hommes qui passent, dévoilant ses dessous. Et je me dis qu'elle risque de prendre froid, qu'oncle Paul lui aurait proposé de se réchauffer un moment au presbytère de la chapelle Sainte-Rita où l'on sert du café et des biscuits secs à l'abri des clients, où l'on respire un peu. En bénissant le pain, il lui aurait parlé de Rita, de l'infinie tendresse de Dieu, et l'aurait bénie. Loulou est peut-être venue dans cette chapelle, elle devait être si perdue.

Impossible de parler d'oncle Paul à ma mère, qui refuse de « remuer » ses souvenirs, encore moins à Diane, enfermée dans la nostalgie. Elles se protègent, mais la douleur est toujours là, tapie, sournoise, qui rejaillit parfois, au détour d'une conversation. La mienne se cache derrière un éternel sourire, celui que les femmes du stage ont débusqué puisque l'une d'elle a écrit sur sa fiche d'évaluation : « L'animatrice sourit tout le temps. »

Rue des Archives, tête baissée, bras croisés, ma tête bouillonne. Je souris tout le temps, oui, comme on me l'a appris. Un masque. Je ne sais pas si je suis à ma place dans ce groupe, je ne sais d'ailleurs pas quelle est ma place, je l'ai perdue. J'ai cédé à la facilité, comme je cède à mes enfants, à mon mari, à ma belle-famille, trop bonne, trop conne.

Ce soir, Laura dort chez une amie. Louis regarde la Coupe Davis. En finale, les Américains ont déjà mis 4-0 aux Italiens sur surface synthétique. Pour la première fois, John McEnroe l'emporte face à Vitas Gerulaitis. « Un pitre, mais quel revers ! Le grand style ! », s'exclame Louis pendant que je prépare l'apéritif pour les amis qui viennent dîner. Un cuissot de sanglier marine dans du vin rouge avec des oignons, des carottes et des clous de girofle. J'ai choisi de porter le chemisier lilas que Louis aime tant. Voilà Florence et son mari anglais. Ma vieille amie d'hypokhâgne s'extasie devant les poutres que Louis a retapées : « Vraiment, tu les as poncées tout seul ? » Sur le canapé-nid, elle croise ses jambes musclées par des cours de gym particuliers, croque des biscuits salés. Se vante de faire partie d'une promotion exceptionnelle à l'ENA. Alors que Louis l'interroge sur ses maîtres de conférences, ses choix à la sortie de l'école, je m'en retourne à la cuisine vérifier que le sanglier n'attache pas. On sonne. Camille me tend un bouquet de roses. Ma douce cousine, toujours son air de Marie-José Nat, ses yeux légèrement bridés. Elle me caresse la joue :

– Ma puce, tu attends un bébé ?

– Comment l'as-tu deviné ?

– Ça se voit un peu, dit-elle avant de me faire remarquer que je suis trop maquillée.

– Dis-donc, tu m'avais caché ça, s'exclame Florence.

À table, le sanglier n'attend pas. Camille raconte qu'elle est allée tirer le cochon en Alsace pendant les vacances de Noël ; Pierre-Alexandre, lui, préfère la chasse à courre. En évoquant son week-end à Rome, Florence renverse son verre de vin sur la nappe blanche. « Pas grave », dit Louis qui court à la cuisine chercher une éponge et la salière. Je change les assiettes, apporte la galette des rois – ce n'est jamais trop tard. J'ai la fève : un petit chat noir. Un mauvais présage ?

Au café, Camille s'anime : elle vient d'organiser un cocktail pour Vuitton à l'hôtel Crillon. Une centaine d'invités, grands patrons, acteurs et autres personnalités du showbiz. Stands fleuris, discours, cadeaux : tout était parfait. Elle s'associe à une amie pour créer leur société qui s'appellera Caramel, comme son chat. La main sur ma cuisse, elle me promet de m'inviter à son prochain événement. Florence fume le cigarillo que Louis a allumé. Ils parlent de l'ancien ministre de l'Éducation nationale, Joseph Fontanet, assassiné d'une balle dans la poitrine à Paris et j'ai la nausée. Au moment de partir, Camille me conseille de prendre soin de moi, Florence me remercie pour ce « dîner délicieux » et je lui souris, d'une malicieuse bienveillance.

10

L'ORAGE GRONDE. La cloche de Saint-Merri sonne six heures du matin. Un verre d'eau, et je me recouche sur le dos. Le lit est assez grand pour que nous ne nous gênions pas, Louis et moi. Mon ventre est énorme, et je me demande comment mon bébé va pouvoir en sortir. Ses petits pieds s'agitent, cognent, sa tête pousse entre mes reins, comme une balle de billard. « Ce petit garçon se sent bien chez vous, il prend son temps », m'a dit une sage-femme lors de la dernière consultation.

Ce matin, j'ai rendez-vous à la clinique des Bleuets. Dans un demi-sommeil, je plane encore là-haut, parmi les astres. Je voyageais à bord d'une navette spatiale avec l'impression d'être dans le ventre d'une baleine. J'ignore comment s'est passé le décollage et pourquoi je me trouvais à des milliers de kilomètres de la terre. Derrière moi, Laura suçait son pouce sur une banquette. Une hôtesse de l'air à chignon banane mimait les mesures de sécurité, nous indiquait la porte de secours et nous souhaitait bon voyage. Parmi les passagers, des hommes d'affaires et Jean-Michel, à ma droite. Dehors, le spectacle était grandiose : au loin, sur un satellite, apparaissait une citadelle de sable aux mille tourelles qui me faisait penser à celle du *Désert des Tartares*. La capsule longeait ensuite une planète géante couverte de lacs et de plaines arides. Chacun prenait des photos. Je préférais contempler les myriades d'étoiles et de météores qui tournoyaient dans le ciel, filant vers l'oubli. Cette virée dans l'espace aurait pu ressembler à une croisière de luxe si l'hôtesse ne s'était pas postée, le regard affolé, à l'entrée du cockpit, pour nous annoncer que le pilote avait perdu le contrôle. D'un bond, je me précipitais vers Laura, mais l'hôtesse m'ordonnait de revenir à ma place, d'attacher ma ceinture. La navette piquait vers la Terre, nous allions nous écraser. Cramponnée à mon siège, je sentais mon ventre se tordre. Déjà, se dessinaient les sommets neigeux d'une chaîne de montagnes qui pouvaient être ceux de l'Everest. Plus que quelques instants à vivre. Étrangement, la fusée frôlait une masse rocheuse. Était-ce celle de la lune ? Je n'en avais aucune idée, mais j'y voyais la seule chance de me sauver. À ce moment précis, d'un coup de hache, Jean-Michel cassait la vitre de l'issue de secours. Pas une seconde à perdre. Il fallait sauter. En proie à un terrible dilemme, je jetais un regard désespéré sur ma petite fille avant de bondir sur la paroi rocheuse. Mes mains s'agrippaient à la falaise, mes doigts saignaient, je m'efforçais de descendre, un pied après l'autre, sans regarder dans le vide. Quelques minutes plus tard, je me laissais tomber sur un champ de blé et me mettais à courir vers un chalet perché sur une colline, levant la tête dans l'espoir de voir le vaisseau atterrir. À l'intérieur, Jean-Michel m'attendait, je me réfugiais dans ses bras et me reprochais amèrement le plaisir qu'il me donnait.

L'angoisse qui se prolonge est si insoutenable que je saute du lit à la recherche de Laura. Pas de panique ; elle est chez mes parents, tout va bien. Pourtant, les images de ce cauchemar sont encore en moi, si précises que j'ai la conviction que la cité de terre cuite apparue dans la nuit existe vraiment, qu'elle a été habitée par une ancienne civilisation qui l'a désertée pour des raisons inconnues. Comment mon esprit a-t-il pu imaginer avec tant de détails l'intérieur de la cabine, les cieux noirs traversés d'éclairs et cette planète rocailleuse sur laquelle je me suis accrochée? Nos rêves nous permettent-ils d'accéder à d'autres vies que les nôtres, d'entrevoir un monde invisible, qu'un jour nous découvrirons peut-être lorsque nous serons libérés de notre enveloppe terrestre?

La tête dans l'oreiller, je cherche le frais. En chemise à manches courtes et pantalon de toile beige, Louis m'apporte une tasse de café au lait et se dit prêt à renoncer à sa réunion avec des chefs de chantier pour m'accompagner à la clinique. Je le rassure, je prendrai un taxi.

Après une douche, je me masse à la rose, enfile une culotte blanche extra-large, un soutien-gorge taille 95B et une robe provençale qui me donne l'air d'un ballon gonflé à l'hélium. Ma mère a tricoté des brassières bleues, j'ai acheté deux pyjamas, une grenouillère, des débardeurs taille un mois. Le berceau au voile de dentelle trône dans la chambre de Laura, près de la table à langer. Au pied de mon lit, ma valise rouge, avec mes chemises de nuit, mes affaires de toilette et les habits du bébé.

À neuf heures, je descends lentement l'escalier en colimaçon où je croise la jeune femme qui dort souvent chez son amant. Direction le XIIe arrondissement. Dans le hall de la clinique, une odeur de javel me prend à la gorge. L'hôtesse d'accueil m'indique la salle des amnioscopies où une infirmière ausculte mon ventre: «Le cœur du bébé bat à 120, le col est plus ouvert, le liquide amniotique clair. Tout s'annonce bien.» Une demi-heure plus tard, le docteur Thibault, qui me suit depuis le début de la grossesse, me reçoit dans son bureau. La cinquantaine bien conservée, bronzé, cet éternel optimiste conclut : « Parfait, madame, vous pouvez rentrer chez vous. Si vous n'avez toujours pas de contractions ce week-end, on se voit lundi au plus tard. En fin de semaine, je pars en vacances en Californie. » Sur le pas de la porte, la poitrine oppressée, je m'écrie : « Docteur, je veux rester ici, je suis angoissée, même s'il faut y passer deux jours. » Thibault badine : « Allons, allons, un peu de patience : la clinique est pleine. Marchez, sautillez, ça le fera venir plus vite ! » Un clin d'œil, et il rejoint ses collègues dans le couloir.

Tirant ma petite valise, je lambine dans le hall où je meurs d'envie de m'allonger sur un banc. Quelque chose me pousse pourtant à obéir, quelque chose qui vient de loin, de la stupeur qui me figeait quand ma mère me repoussait, de la longue lignée de femmes dont je suis issue qui a appris à se soumettre. Une maman sort de l'ascenseur, un bébé dans les bras. Des grands-parents patientent, un bouquet de lys sur les genoux. Je pousse la porte vitrée.

De retour chez moi, je me fais cuire des courgettes et un œuf à la coque. Après le déjeuner, je feuillette des magazines, vide la machine à laver et passe l'aspirateur, pressée que le petit s'envole de son nid.

Le lendemain, toujours rien. En début d'après-midi, Louis va jouer au tennis. Afin de ne pas tourner en rond, je me dis qu'il fera frais au Louvre où je n'ai pas mis les pieds depuis longtemps. À l'intérieur du musée, j'erre d'une salle à l'autre jusqu'aux antiquités égyptiennes au sous-sol. Parmi les sarcophages, ceux des enfants. L'un d'eux est si petit qu'on dirait qu'il abrite un fœtus.

J'étouffe, la tête me tourne, je m'enfuis. À dix-sept heures, après un thé au jasmin, je me souviens du conseil du docteur Thibault et me mets à sautiller, juste un peu, pour décider ce petit farceur qui joue les prolongations. Louis m'a acheté des fraises et des pommes qu'il fait broyer au mixer. À la télé, *Le Kid*, de Chaplin.

Dimanche matin, Louis me claque un baiser sur le front avant d'aller faire un double. Je n'ai pas fermé l'œil, tente de me reposer. Le poupinet doit dormir, il est si calme. Après un bain, j'achète du jambon Serrano, des pâtes, du fromage et du vin pour que Louis ait de quoi se nourrir pendant que je serai à la clinique. L'après-midi, je lis *Anna Karenine* de Tolstoï et me souviens des heures passées à attendre Jean-Michel, à inonder mon oreiller, à le guetter, je me souviens que j'éprouvais une certaine jouissance à me perdre dans le labyrinthe de cette passion.

Lundi, à neuf heures, je grimpe dans un taxi, brûlant d'impatience que le docteur Thibault déclenche l'accouchement. À peine suis-je arrivée que deux sœurs infirmières m'auscultent. L'une d'elle murmure : « Je n'entends pas le cœur du bébé, vous allez faire une échographie. » Dans la salle d'à côté, une femme médecin couvre mon ventre de gel afin d'y faire glisser une caméra. Sur l'écran, le petit flotte, la tête et les jambes recroquevillées. « Il dort ? Vous avez trouvé son cœur ? » La religieuse : « Ce n'est pas bon. Je ne vais pas vous dire le contraire. » Mon cœur s'affole : « Vous êtes sûre ? Sûre et certaine ? » Elle hoche la tête. Je regarde mon bébé, son petit pied, ses yeux clos, je ne veux pas le quitter, il est là, vivant, on me ment. Écran noir. « Madame, reprenez-vous, madame, où allez-vous ? » Sortir d'ici, tenir debout, appeler Louis, articuler : « Le bébé est mort, viens vite. » Cogner contre le mur : « Ils l'ont tué, ils l'ont laissé mourir, assassins ! » Dans une chambre d'accouchée, une bonne sœur s'empresse d'emporter un berceau. On me déshabille, m'enfile un tablier blanc, me fait boire un liquide écœurant. Louis me serre dans ses bras, sanglote : « Tu verras, nous en aurons d'autres, tu es si courageuse. » À cet instant, le docteur Thibault apparaît : « Madame, je suis désolé, si vous voulez éviter la césarienne, nous n'avons d'autre choix que de vous faire accoucher par voie basse. » Salaud ! Non, je n'accoucherai pas d'un bébé mort. Plutôt crever ! Dans la salle dite « de travail », Louis me tient la main, les infirmières posent sur mon visage un masque, une sage-femme m'oblige à haleter comme un chiot. Aux dernières contractions, je perds connaissance. Au réveil, le bébé a disparu. Louis est allé le déclarer : il s'appelait David.

Mes beaux-parents entrent à pas de loup. Mado va prier pour ce petit ange. Le docteur Thibault passe la tête, le regard fuyant. À seize heures, ma mère s'assied sur mon lit : « Ma pauvre chérie, je suis sûre que tu sauras surmonter cette épreuve. J'ai commandé une ambulance pour que tu puisses venir à Mulhouse te reposer, Louis est d'accord. Dans ton état, c'est préférable : tout est pris en charge. » Bordel, je ne suis pas malade !

À côté du chauffeur, ma mère se retourne pour savoir si je vais bien : elle n'a rien dit à Laura de son petit frère. Devant la maison de mes parents, la fillette court vers moi, un bouquet de boutons d'or à la main. Sur la table de nuit, des bandelettes pour retenir les montées de lait et compresser mes seins. Sous un plaid, les brassières bleues oubliées.

Deux jours plus tard, une amie de ma mère vient prendre le thé.

– Alors, une fille ou un garçon ?

– Ni l'un ni l'autre. Foutez-moi la paix!

Ma seule obsession : savoir si, en sautant, j'ai tué mon enfant. De Paris, Louis tente de me réconforter :

– Le docteur Thibault dit que le bébé n'aurait pas pu vivre : il n'avait rien dans la tête.

– Rien dans la tête ? Un légume ? Tu l'as vu ? Comment était-il ?

– Un beau garçon, assez costaud.

– Le docteur nous enfume. C'est lui le coupable. Je veux la vérité.

Le lendemain, à quinze heures, Louis me rappelle :

– Thibault s'est rétracté. David se serait étranglé avec son cordon ombilical.

– C'est à cause de mes sauts ?

– Je n'y connais rien, mais je ne vois pas comment un bébé qui flotte dans du liquide amniotique pourrait s'étrangler.

Au bout d'un mois, j'ai retrouvé la ligne. Toujours la même obsession : il faut que je sache si David était normal ou pas et, surtout, pourquoi il est mort. Si j'attends d'autres enfants, je ne veux plus vivre ce cauchemar. Un matin, je me rends au laboratoire d'autopsie de l'Institut médico-légal du quai de la Râpée, près de Bercy, où le corps de mon petit garçon se trouve. Un immeuble en briques au bord d'un boulevard bruyant, du personnel médical qui circule à pas feutrés. Une rousse en blouse blanche me fait entrer dans une salle qui pue l'éther. Sur des étagères, des fœtus flottent dans des bocaux. La rousse sourit et m'annonce : « Les analyses montrent que votre bébé n'avait aucune anomalie. »

Dehors, le ciel est bleu.

Louis a pris des billets pour le Maroc. Ma mère a pu obtenir que nous logions dans notre ancienne villa. Tout s'est décidé sans moi. Un lundi, deux jours avant le départ, je prends le bus pour Port-Royal où j'ai rendez-vous avec une psychologue. Dans la salle d'attente, je feuillette un vieil exemplaire de *Elle* lorsqu'une jeune femme aux yeux clairs me fait signe de la suivre. Elle doit avoir mon âge, vingt-cinq ans, porte des sandales compensées, une jupe plissée. Lorsque je lui raconte ce qui vient de m'arriver, elle dit, calme et droite: « Vous avez vécu un drame terrible, ne vous culpabilisez pas. » Un soupir, et je lui confie mon désir d'avoir très vite un autre enfant, un garçon, oui, un petit garçon, le même, si possible. Elle décroise les jambes: « Le chemin sera long pour lui laisser la place. Je vais vous prescrire des séances de relaxation. Le bébé que vous avez perdu est encore en vous, il faut que vous le laissiez s'envoler. Ensuite, si vous le souhaitez, vous pourrez essayer de suivre la méthode du docteur Papa: un régime alimentaire qui donne plus de chances de choisir le sexe de son enfant. » En me serrant la main, elle me propose de nous revoir et je me sens plus légère.

Au jardin du Luxembourg, des poneys promènent des enfants de leur pas tranquille. Près des joueurs d'échecs, je longe la pelouse vers la rue Médicis. Sous un marronnier, je m'effondre, la tête entre les mains. Pourquoi Dieu m'a-t-il infligé ça? Mon petit garçon n'a pas eu le temps de respirer l'air marin, d'entendre le rossignol qui chantait ce matin-là, il n'aura connu que le monde de l'eau, le goût des fruits que je mangeais pour le fortifier, l'écho des partitas que nous écoutions et les battements de mon pouls. Oncle Paul dirait: un cœur pur qui a rejoint la ribambelle des chérubins du jardin suspendu. Comment garder la foi ?

Je fouille dans mon sac à la recherche d'un mouchoir. Sous une boîte de bonbons, le canif tire-bouchon que j'y avais fourré lors d'un pique-nique dans les Vosges. Lentement, je dirige la lame vers mon ventre. À cet instant, le rire d'une gamine qui court après un ballon résonne, un rire étincelant, pareil à celui de Laura. Alors, doucement, je retourne la lame, l'enfonce dans l'écorce du marronnier comme une flèche d'Indien et y grave le D de David. Puis, poings levés, me souvenant des mots de Churchill qu'aimait tant Jean-Michel, je me fais cette promesse : ne plus jamais me soumettre. Cette mort sera ma renaissance. Je me servirai de mon couteau et de mon stylo pour me battre. Ça, j'y crois.

11

POISSONS SALÉS, morue, sardines ou saumon fumé au petit déjeuner. Eau gazeuse, amandes, noix. Exit laitages et crudités. Je voulais tellement avoir un garçon que j'avais suivi pendant deux mois le régime prescrit par le docteur Papa. Au bout d'un moment, lassée d'avaler des harengs saurs dès le matin, je me suis remise à l'Évian et aux salades. Sans doute parce que je n'y pensais plus, je suis tombée enceinte et ce fut un garçon : Alexandre. Deux ans après, Aurélien est né. Bingo !

Est-ce un hasard ? Nous avons acheté un appartement rue de Douai, non loin de l'ancien bordel où j'animais des stages, à côté du Sans Souci et des bars qu'on appelle « montants » – une astuce pour détourner l'interdiction des maisons closes, tout en permettant aux clients d'accéder à des chambres à l'étage.

Alexandre trotte sa vie dans le couloir avant de plonger dans les canapés en mousse qui entourent la cheminée. Laura rapplique, suivie d'Aurélien qui tire une petite voiture, puis de Moustique, notre fox-terrier. Il est huit heures. En route pour l'école.

Sur le trottoir d'en face, Zoubida, la belle Africaine aux yeux de velours, me salue de la main. On se croise tous les matins ; ça doit la distraire de me voir passer avec ma petite troupe. Nous avons fait connaissance le jour où elle m'a aidée à ramasser mes courses lorsque mon sac a lâché. Elle ne doit pas avoir beaucoup de clients puisqu'elle est toujours là, adossée à un lampadaire, dans sa combinaison de vinyle. Au moment où j'installe Aurélien dans sa poussette, Alexandre traverse la route en courant. La prostituée se précipite et l'attrape par les bretelles. Je vais vers elle pour la remercier, elle caresse la tête de mon fils, sourit : « De rien. Une boule d'énergie, ce petit. J'en ai un du même âge. » Notre équipée reprend jusqu'à l'école Notre-Dame-de-Lorette où je dépose les enfants.

Place Saint-Georges, avant de retrouver mes stagiaires, j'allume une cigarette devant la vitrine d'un antiquaire, me promettant de ne pas lâcher la main d'Alexandre à l'avenir. Zoubida a eu un bon réflexe. Je n'avais pas pensé qu'elle pourrait avoir un enfant. Je me souviens que Loulou en avait un aussi. Comment font-elles pour les élever ? Que leur disent-elles ? Est-ce pour leur offrir un avenir qu'elles se vendent ? Quittent-elles la maison après avoir rangé l'appartement, talons aiguilles, mini-jupe et guêpière dans le sac ? Loulou travaillait-elle dans un bar montant, guettant l'heure où les pères de famille pointent leur nez à la sortie des bureaux ? Anesthésiée, le corps mécanique, pensait-elle au menu du soir, à l'assurance de la voiture, à la facture d'électricité ? En fin de journée, lorsque ça lui brûlait entre les jambes, elle devait se doucher longuement avant de retrouver son maquereau de mari. Comment faire l'amour quand elle n'avait qu'une envie : dormir, ne plus penser aux pattes velues, aux ventres flasques ou bedonnants, aux sexes violines ou baveux, et rêver de partir loin, dans une petite maison qu'elle pourrait peut-être s'acheter dans cinq-six ans si elle tenait le coup ?

Neuf heures. Un halo de fumée, une odeur de transpiration : ils sont une douzaine de chômeurs à m'attendre dans une grande pièce où le soleil tape sur les baies vitrées. J'inscris sur le paperboard : *5 avril, le point sur vos recherches d'emploi.* Un homme amputé aux cheveux gras et large tee-shirt noir lève le bras : « Madame, je suis désolé, je n'ai pas pu venir la semaine dernière, j'étais en dépression. Faut dire, j'ai de quoi : depuis qu'on m'a amputé la jambe quand une armoire m'est tombée dessus, j'ai perdu mon emploi. J'étais déménageur professionnel, vous savez ! Aujourd'hui, je fais la manche dans le métro. Qui voudra d'un mec qu'a plus qu'une patte ? Comment voulez-vous que je me vende à un employeur ? » Je lui propose de le filmer, afin qu'il se présente et se mette en valeur. L'unijambiste me menace du doigt : « Sûrement pas, j'ai ma fierté, moi, et je refuse absolument de me voir à l'image ! »

Au fond, un jeune homme se lève. Touffe à la houppe, on dirait Tintin.

– Madame, vous pourriez peut-être m'aider, dit-il timidement. Depuis que j'ai été viré de mon job de serveur pour avoir piqué dans la caisse, je force un peu sur le shit, histoire de me donner l'illusion que je suis autre chose qu'un bon à rien, comme le répète mon père. Dites donc, il est bien beau mon CV, hein ? Mais tout est bidon là-dessus. Vous pensez vraiment que vous pouvez sauver une cause perdue, vous ?

– Si vous êtes ici, c'est bien que vous voulez vous en sortir, non ? Alors, avant d'abandonner, on va essayer ensemble de mettre toutes les chances de votre côté.

La matinée s'achève par un tour de table où je demande à chacun quels sont ses atouts.

En remontant la rue Pigalle, je prends de nouvelles résolutions : cesser de stresser les enfants, rester ferme, leur transmettre le goût des petits plaisirs, de l'effort aussi, passer du temps avec Louis, et puis écrire, même si j'ai peur que mon style laisse à désirer, quitte à tout balancer à la poubelle. Ne jamais renoncer. Des histoires, j'en ai plein les tiroirs. L'une d'elle porte sur une jeune religieuse qui quitte le couvent pour un paysan. Comment peut-on brider son corps une vie entière ? Oncle Paul aurait-il franchi la ligne jaune?

À midi, devant Le Sans Souci, Zoubida est toujours à son poste, le nez au soleil, un fume-cigarette ivoire aux lèvres.

– Merci encore pour mon fils, vraiment merci !

– Pas de quoi ! Bonne journée !

Alexandre a barbouillé le mur de sa chambre de confiture et vidé son armoire. Je l'envoie se laver les mains et le confie à la jeune fille au pair anglaise qui n'ose regarder Louis en face. « Il est où, papa ? » ânonne Aurélien. Je lui dis que son père est en voyage, qu'il reviendra bientôt. Depuis qu'il a pris la tête de l'une des entreprises du groupe, Louis est obligé de se rendre sur des chantiers. Là, il est à Bordeaux où il gère la construction d'un ensemble de logements. J'espère qu'il dormira mieux. Ces temps-ci, il a le sommeil léger et succombe aux somnifères. Samedi soir, pour son retour, nous irons dîner au Wepler ou à La Bonne Franquette. Nos sept ans de mariage approchent… La télé regarde les enfants, ou l'inverse, j'ai enfin la paix. J'en profite pour faire couler un bain, me plonge dans la mousse. Un instant, j'oublie tout. C'est si bon.

Après le dîner, la table de la cuisine est nappée de ketchup : les petits ont fini les saucisses et les frites décongelées. Louis au téléphone : les réunions l'ont épuisé, il ne rentrera pas ce week-end. Je lui rappelle que nous devions aller au restaurant. Il m'assure qu'il n'y est pour rien, que ce n'est pas la peine de le culpabiliser, et raccroche. J'aurais voulu lui dire qu'il m'épate. Je n'ai pas pu, je n'ai pas su. Par la fenêtre, derrière un pot de géraniums, j'aperçois un grand blond, sac au dos, qui cadenasse son vélo à un poteau, embrasse Zoubida et joue avec son collier de perles. Quelques instants plus tard, il lui tient la porte du café. Se pourrait-il qu'il soit amoureux d'elle ? Le début d'un roman dont j'ébauche les premières lignes.

La robe de chambre de ma mère sent la tristesse. Si je pouvais, j'enjamberais la balustrade et j'irais, moi aussi, prendre un verre au Sans Souci. Après une soupe au potiron, je me plonge dans la lecture du *Journal* de l'abbé Mugnier, puis dans un recueil d'Éluard dont les vers me font frémir :

J'allais vers toi j'allais sans fin vers la lumière
La vie avait un corps l'espoir tendait sa voile [...]
Et j'adorais l'amour comme à mes premiers jours.

Je me suis levée de bonne heure. Hier, Louis m'a annoncé qu'il envisageait de partir à l'étranger pour prendre la tête d'une des succursales de la boîte. Surtout ne pas quitter Paris : je me suis mise à chercher un nouveau travail, je n'ai plus l'énergie d'aider les chômeurs à retrouver confiance en eux et à se remettre en selle. Et, si je suis honnête, j'ai l'impression d'avoir passé sept ans à m'oublier pour mes enfants. Ces années ressemblent à une serre où palmiers et orangers cachent le ciel dans une chaleur moite et somnolente. Mes jours sont des trous dans le collier des nuits.

Rue Notre-Dame-de-Lorette, on vend déjà des cèpes et des girolles. Dans mon panier, deux faisans, des marrons, du raisin. J'appréhende le dîner de ce soir. Louis a joué au tennis avec Jean-Michel Dumontel : ils s'entendent à merveille et il l'a invité. Jean-Michel a divorcé de Bijou, beaucoup navigué et acheté une cabane au bord de la Seine. On ne devrait jamais revoir ses amours de dix-huit ans ni revenir dans les maisons de son enfance. Il y aura aussi Martin Kremer, un vieil ami alsacien parachuté ministre socialiste, Camille et son mari.

Il est l'heure. J'ai mis ma mini-robe fourreau fuchsia achetée boulevard de Clichy dans un sex-shop. Un livreur me tend un bouquet de roses sur lequel est épinglé : *De la part de Monsieur le ministre.* À la cuisine, les faisans rosissent dans un fait-tout avec les marrons et les raisins. Martin Kremer arrive le premier – la ponctualité des provinciaux ! Il a toujours la même figure ronde, le regard franc et ce long corps de sportif qui me rappelle le temps où nous descendions les pistes du Ballon, mais ses cheveux grisonnent et son costume semble un poil trop grand. Au moment où Louis débouche un Pommery, Jean-Michel apparaît. Au premier regard, son teint paraît brouillé, son front strié de quelques rides, ses lèvres un peu affaissées. Dès qu'il sourit, il rajeunit. Il m'embrasse en chuchotant : « Tu es très en beauté », et je le retrouve tel qu'il était.

Il prend Louis par l'épaule comme s'ils se connaissaient depuis toujours, et les voilà qui parlent tennis, voile, affaires...

Martin à ma droite, Jean-Michel à ma gauche, Camille et Pierre-Alexandre autour de Louis, j'apporte les faisans. Une cuisse entre les dents, Martin a trouvé Fabius excellent sur les questions de sécurité et d'immigration hier soir à la télé face à Chirac. Camille lui tend sa carte de visite : « Au cas où vous auriez besoin d'un coup de main pour votre communication, on ne sait jamais ? » La conversation se fait plus intime. Martin veut savoir où nous nous sommes rencontrés. Louis s'éclaire : « Dans un orgue ! Enfin, disons plutôt que c'est le père Dantec qui nous a réunis. » Pierre-Alexandre ricane : « Ah ! Le père Dantec ! S'il était mort chez une dame patronnesse, la fesse du monde en aurait été changée. » Je pique un fard. Loin de se laisser démonter, Louis évoque le théologien, Martin, le débatteur. Jean-Michel lève son verre et s'exclame de sa voix grave : « À la gloire de ton grand-oncle, Juliette. » Je me souviens qu'il avait voulu le voir avant sa mort, mais tout cela semble enveloppé d'une brume qu'on appelle la dame blanche en Alsace. Il se penche vers moi pour me servir du vin : « Elle te va bien, cette petite robe. » Je frétille, lui demande ce que deviennent ses sœurs et lorsqu'il lance en riant : « C'est le bonheur ! », j'entends le timbre chantant d'Adèle, les fous rires de Dune et la voix caressante de Solange. Il me parle de ses deux enfants, de la petite entreprise de luminaires qu'il a créée, de sa cabane les pieds dans l'eau. Curieuse de savoir pourquoi il a divorcé de Bijou, je tâte le terrain : « Ça fait longtemps que tu as acheté cette cabane ? » Il se contente de répondre qu'il l'a dénichée il y a quatre ans, quand Bijou a voulu partir pour l'Afrique s'occuper de la protection des éléphants, mais qu'il a aussi un pied-à-terre à Paris. Une lueur sombre passe dans ses yeux : « Rien de moins naturel que la vie à deux ! » Après avoir goûté au riz sauvage, il finit par me demander, la bouche pleine, si je travaille. Pendant que je lui raconte mes aventures auprès des chômeurs, sa main se glisse entre mes jambes et remonte doucement sous ma jupe. À cet instant, Camille m'apostrophe : « Juliette, tu as aimé la pièce *Deux sur la balançoire* ? J'ai très envie de la voir. » Je lui dis que j'ai adoré Nicole Garcia et Jacques Weber qui y sont éblouissants dans leur rôle d'amoureux fous.

Après la mousse à l'orange, Louis propose de passer au salon où il s'amuse à lancer des défis. Profitant de l'agitation, Camille me confie qu'elle a passé un week-end chez Adèle : « Il paraît que ses amies en pincent pour Jean-Michel. Il a un sacré succès depuis qu'il est célibataire ! Éternel bourreau des cœurs ! » Renaît alors en moi la jalousie qui m'avait saisie lorsque je l'avais vu dans les bras de Bijou. La jalousie, un de ces supplices qui se renouvelle sans fin, comme le tonneau des Danaïdes. Avec son vieux jean et ses Docksides, Jean-Michel n'a pourtant pas l'air d'un coureur de jupons, et je cherche sur son visage des signes qui pourraient le trahir. Le calme revient et, avec lui, l'ennui des conversations habituelles sur le vin, les cousins, les jardins.

Sur le pas de la porte, Jean-Michel serre la main de Louis et lui propose un double samedi prochain au jardin du Luxembourg. Vais-je leur servir d'arbitre ? Il me remercie pour le dîner, se dirige vers l'ascenseur et se retourne en murmurant : « À très vite. » Je meurs d'envie de lui dire : « Tu sais, c'était au temps de nos goûters du dimanche que j'étais amoureuse de toi. Trop tard ! »

Fin de soirée : cendriers pleins, serviettes graisseuses, taches de vin. Louis termine sa prune : « Qu'est-ce qu'ils sont chiants,

Martin et Pierre-Alexandre ! Heureusement que Jean-Michel a mis de l'ambiance. Il a la forme pour son âge, alors qu'il picole sec. » Décidément, s'il est alcoolique et volage, mieux vaut l'éviter.

Cette nuit, j'ai rêvé que j'entrais dans un immeuble en ruine. Je montais l'escalier et toquais à la porte, numéro 12. Les cheveux mouillés par la pluie, Jean-Michel écartait doucement les mèches qui tombaient sur mon visage.

La tête lourde, je me traîne jusqu'à la salle de bain. Devant le miroir, ma foutue mine de chien battu.

Le lendemain, Camille m'appelle pour me proposer de passer prendre le thé. Ma délicieuse cousine ! Elle a toujours la voix enjouée de l'adolescente qui m'accompagnait à la patinoire, au bar où nous retrouvions la petite bande de Mulhouse ou aux boums où elle séduisait tout le monde. Le temps des années Solex. Lorsqu'elle arrive à dix-sept heures, la chevelure lustrée, vêtue d'une robe en laine qui lui colle à la peau et de bottes en daim, je me demande comment elle fait pour être à la fois sexy, femme d'affaires et mère de famille. Elle me prend la main, dit que le dîner était très réussi. Dans la cuisine, elle me fait remarquer que la gazinière s'est encrassée, que je devrais glisser un napperon sous les tasses de thé. Je me moque :

– Tu ne serais pas un peu maniaque, par hasard ?

– C'est bien plus joli ! À propos d'hier soir, je voulais te dire… tu ferais mieux de te tourner vers les femmes, au lieu de séduire les hommes.

– Pourquoi ? Tu as trouvé que j'en faisais trop ?

– Une maîtresse de maison doit s'intéresser à tout le monde. Et tu verras, c'est par les femmes qu'on réussit : il y a entre elles une vraie solidarité.

Est-ce une allusion à mon comportement avec Jean-Michel ? Je préfère me taire, un peu honteuse à l'idée qu'on ait pu percevoir mon trouble.

– Et puis, je trouve que tu devrais être plus attentive à Louis, ajoute-t-elle. Tu as de la chance d'avoir un mari qui te fait vivre.

– Mais je travaille, moi aussi !

– Arrête, Juliette ! Ce n'est pas avec ce que tu gagnes que tu pourrais loger dans ce quartier ! lâche-t-elle en se levant pour récurer les casseroles dans l'évier.

Me fait-elle la leçon ? Elle se plaint de devoir se démener pour tenir son train de vie alors que Pierre-Alexandre passe son temps au polo et au golf et me reproche d'être trop faible avec les enfants :

– Ils devraient au moins t'aider à faire la vaisselle. Tu es trop bonne. Tu sais, je suis capable de priver mon fils d'argent de poche quand il ne range pas sa chambre.

Je lui dis que, pour moi, l'essentiel est qu'ils s'épanouissent. Elle passe tendrement la main sur ma joue.

– Ma douce, pense d'abord à toi et, si j'ai un conseil à te donner, tu devrais prendre un amant. Ça ne t'empêche pas de t'occuper de ton mari. Au contraire, tu serais plus épanouie. Ninon de Lenclos disait : *Jamais les hommes ne deviennent plus tendres que lorsqu'on leur a pardonné une infidélité de passage.* C'est aussi vrai pour les femmes.

– Une ordonnance, docteur ?

12

La pluie claque sur le pare-brise, on dirait un film de Chabrol. Je me cramponne au volant pour doubler un camion de matériel agricole. Ça bouchonne sur l'A13, je relâche la pédale de l'accélérateur, de peur de rater la sortie des Mureaux. Grâce à une psychologue qui anime un groupe de thérapie où je me rends le mardi, j'ai rencontré la directrice d'une agence de formation aux relations humaines qui m'a proposé d'animer des stages d'expression écrite et orale deux jours par semaine à des ingénieurs de l'Aérospatiale. Salaire: mille cinq cents francs par jour, trois fois plus que ce que je gagne avec les chômeurs! Je mettrai cet argent sur un compte à moi, afin de participer aux dépenses du foyer.

Les Mureaux. Un bouquet de fusées, des Airbus. Papiers, fouille des sacs, badge, et je me gare devant le parking des employés du centre spatial. Trois blocs plus loin, au sixième étage du bâtiment B, vingt paires d'yeux d'ingénieurs me fixent. Je ferme un bouton de ma veste, les invite à se présenter. À la fin du tour de table, j'ai tout oublié, mais je me lance – mes cours de théâtre m'auront au moins servi à cela: « Messieurs, il n'est pas facile de prendre la parole en public. Je suppose qu'il vous arrive de bafouiller : c'est parfait. Ceux qui vous écoutent sont aussi intimidés que vous. Ici, personne ne sera jugé. Pour commencer, je vous propose de parler à tour de rôle de votre passion et, si possible, de l'introduire par une anecdote captivante. » Silence dans la salle. Je finis par désigner l'un d'entre eux, une sorte d'asperge aux oreilles décollées qui marmonne : « Quand je suis chez moi, je coupe la haie, cisaille, passe la tondeuse, plante des oignons. » J'insiste pour qu'il nous raconte comment est né son goût du jardinage. L'homme reprend : « Je suis sur le plateau de Millevaches, je grimpe sur le tracteur de mon grand-père, j'ai dix-sept ans, je veux tenir une exploitation agricole. Mon père me force à en descendre, m'ordonne de m'inscrire à l'examen de l'École navale, menace de me couper les vivres. Maintenant, j'attends la retraite pour me consacrer enfin à mon potager. » Dès lors, chacun y va de sa passion refoulée. Bastien aurait aimé être chanteur. Un père militaire, des coups de martinet, il a cédé. Ces ingénieurs passent leur journée à faire des plans, des statistiques, des tableaux, et rêvent en secret de peindre, de bricoler, de travailler dans le cinéma ou dans la communication. On leur a appris à obéir. Sur leur visage, les couleurs de l'enfance perdue.

En sortant du bâtiment, je ne sais plus où j'ai garé la 205. Le site est immense. Le bec d'une fusée disparaît dans les nuages. Qu'est-ce que je fous là alors que j'ai d'autres ambitions ?

Ma belle-mère m'a invitée à déjeuner aujourd'hui. Chaque fois que je vais chez elle, elle me parle d'oncle Paul. Je ne peux tout de même pas me décommander pour la troisième fois.

Près de la cheminée, Mado me propose une larme de pastis et me raconte l'exil de sa grand-tante à travers la taïga. Quelques lampées de Ricard, et nous passons à table. Au moment où je me sers de caviar d'aubergines, elle me fixe d'un regard voilé. « Je prie encore tous les jours pour le père Dantec. Je me souviens qu'une de mes vieilles tantes, une voyante polonaise, avait examiné sa main et lui avait prédit qu'il serait martyrisé, avant de se raviser : "Non, calomnié", avait-elle dit, mélodramatique. Figure-toi qu'un de nos amis, le journaliste Alain Gauthier, a publié un article où il va jusqu'à écrire que sa mort nous oblige à relire sa vie et ses textes d'un autre œil, lui reprochant d'être un dissimulateur. » Intriguée, je lui demande de me faire lire cet article. Elle avoue l'avoir jeté. Je me surprends alors à penser que cet « ami » devait être bien informé pour avoir osé choquer Mado. D'un soupir, elle regrette que ma grand-mère soit toujours si butée et me charge de la convaincre de donner son accord à la publication du *Journal* du père Dantec, afin de couper court à ces insinuations. Lorsque je lui rappelle que Diane est encore terrorisée par les attaques contre son frère, elle bat des cils : « Elle a tort. Ce journal d'un mystique balaiera cette polémique absurde. » Elle me parle alors de ces pages où, dans la solitude de sa chambre d'étudiant, de novice ou de jeune prêtre, le père Dantec livre ses doutes et ses tentations, se remettant sans cesse entre les mains de Dieu. « Des confessions terriblement humaines, insiste-t-elle. Sous sa nervosité apparente et son goût de la provocation qui pouvait agacer, il se révèle un homme en proie à un combat spirituel, habité et engagé, sans aucune duplicité. Tu penses bien que, si j'avais senti la moindre ambiguïté entre nous lorsque j'étais jeune et jolie, j'aurais coupé court à nos échanges. » Ma belle-mère se ferme un instant. Sans doute attend-elle un miracle de Dantec qui le blanchirait pour toujours. Même si je pressens sa réponse, je prends le risque de la pousser dans ses retranchements : « La seule qui pourrait témoigner est Loulou. Avez-vous cherché à la rencontrer ? » Mado se fige et déclare sèchement : « Impossible. Dès que nous essayons de l'approcher, nous nous heurtons à un mur. » D'une main ferme, elle secoue sa clochette. Tandis que la femme de chambre apporte un navarin d'agneau, elle s'attriste que les fleurs du jardin aient gelé cet hiver. Avant que je la quitte, elle glisse : « Sais-tu que Solange Dumontel fait partie des membres de notre association des amis de Dantec ? Louis m'a dit qu'il jouait au tennis avec son fils. Une bonne chose. À bientôt, ma petite. »

Dans l'escalier, mes bottines dérapent ; je m'accroche à la rampe, la peur au ventre : ma belle-mère est finaude.

La semaine suivante, quand je rentre de l'Aérospatiale, tout est étrangement silencieux dans l'appartement. Où sont les enfants ? Sur le sol de la salle à manger, Breda, la nouvelle jeune fille au pair irlandaise, rousse flamboyante, est entourée des petits, les mains sur les yeux. Au centre du cercle, le masque africain que Louis a rapporté du Niger. Je retiens mon souffle. À l'aide d'une aiguille à tricoter, Breda jette des sorts, égrenant des prières aux morts : « Esprits, libérez ces corps des maléfices et des démons. Esprits, êtes-vous là ? » Aurélien court vers moi. J'ordonne à Breda de cesser sur le champ : « Faites ce que vous voulez chez vous, pas ici. Vous êtes totalement inconsciente. » Telle une furie, elle attrape Aurélien, agrippé à ma taille, et l'entraîne vers la cuisine où je me précipite. Ses yeux roulent, billes folles : « Je vais sauver ce petit, je l'emmène avec moi, loin de cette maison de malheur», rugit-elle en tirant mon fils vers la cage d'escalier qui mène aux chambres de bonne. D'un bond, je le libère de l'emprise de la sorcière: «Foutez le camp, espèce de dingue, et ne rôdez plus jamais dans les parages!»

À son retour, je raconte à Louis cette scène surréaliste. Il me félicite pour mon sang-froid et me mets en garde contre ces filles recrutées à la va-vite. En allant embrasser les enfants, il découvre le grand Z qu'Alexandre a dessiné sur le mur de sa chambre avec de la pâte dentifrice Colgate. Le cavalier en pyjama en prend pour son grade.

Les petits couchés, j'enfile un blouson et grimpe vers Montmartre par la rue Lepic, jusqu'à la place du Tertre. Une impasse y mène à un petit théâtre où, dix heures par semaine, je suis les cours d'Irma Rouskoff, une comédienne d'une cinquantaine d'années à la tignasse argentée qui a pris la suite de Tania Balachova. Ce soir, deux élèves répètent une scène de *Roméo et Juliette.* «N'essaie pas de nous plaire, ordonne Irma à la jeune fille. Fais appel à tes peurs d'enfant, à ta sensualité, et réfugie-toi dans les bras de ton Roméo.» La scène terminée, elle se retourne: «À qui le tour? Tiens, Juliette.» J'ai répété la tirade de *La Femme juive*, de Brecht, face au miroir du salon, mais mon cœur cogne dans ma poitrine et j'ai les mains moites. Sur les planches, j'ouvre une vieille malle, fais mine de trier des vêtements, débite mon texte. Quelques minutes plus tard, Irma bondit: «Tu es trop passive, trop sage, ma fille. Ça sent la morale bourgeoise et les principes. Sors-nous ce que tu as dans les tripes, ta rage à toi, celle qui te tenaille. Fais-le pour toi, juste pour toi.» Deux pas en arrière et je ferme les yeux. Une vieille colère monte : ma mère me colle à la peau, elle est en moi. Je l'entends me dire : tu ne tiens pas tes comptes, tu n'écoutes pas ton mari, tes enfants se tiennent mal à table, se gavent de bonbons, passent leur temps devant la télé. Alors, je me lance et me défoule sur un coussin jusqu'à ce que les larmes inondent mon visage. Les mots n'ont plus d'importance : je suis la femme juive, la femme bafouée.

Après avoir salué les élèves du petit théâtre, je caracole vers Pigalle, libre et légère.

Boulevard de Clichy, des femmes vêtues de cuir entrent dans une boîte de nuit pour lesbiennes tandis que les noctambules s'engouffrent dans les sex-shops où, derrière les rideaux de velours, s'exhibent godes et vibromasseurs. Ce soir, elles sont trois devant Le Sans Souci. Adossée à un lampadaire, Zoubida, indétrônable reine de Saba, fume sa longue pipe d'ivoire.

Louis dort à poings fermés. J'enfile mon peignoir indien et ouvre un placard où j'ai caché sous un plaid une vingtaine de cahiers à spirales. Deux d'entre eux sont consacrés à des poèmes. Mes préférés : *Divagations du soir, Histoire d'Elle, Valse, Tziganes, Le Piano ailé* ou *Champ de bataille* qui s'achève par ces vers :

Je fonds des mots salés,
Les balance aux rivières,
Je me fous des ratés car j'en perds mes frontières.

L'envie d'écrire me démange. Cette angoisse que je connais par cœur avec ses picotements, frissons et tremblements. Au bout d'une heure, je jette à la corbeille les trois feuilles où cette pauvre Sonia allume une cigarette au fond d'un café.

J'aimerais trouver un sujet. Une biographie ? On me reprocherait de ne pas savoir inventer. L'histoire d'une petite bretonne à la conquête de Paris ? Je ne suis pas prête à me confronter à Balzac, Flaubert ou Maupassant. Reprendre le récit de mon enfance au Maroc ? Ma mère m'en voudra, bien qu'elle ne soit pas Folcoche ! Tout autre chose ? Une pièce de théâtre ? Tchekhov est insurmontable. Je ferais mieux de laisser tomber, de préparer mes journées de formation, de lire la presse, ou même de nettoyer les carreaux. Pourquoi ce besoin d'aligner des pattes de mouches ? Je devrais peut-être me remettre à la peinture ? Après tout, j'avais un bon coup de crayon au lycée. Merde, écris ma vieille, écris ! N'importe quoi, ce qui te passe par la tête, ce que tu as dans les tripes et puis choisis un pseudo puisque tu ne sais pas qui tu es.

Un accident s'est produit dans une centrale thermique en Russie. Il y aurait déjà deux mille morts. Poussé par le vent, un nuage radioactif s'approche de la Suède et risque de toucher le nord de l'Europe. La panique s'empare des populations, qui envahissent les pharmacies.

J'éteins la radio. Aujourd'hui, j'ai du temps pour moi : les enfants sont chez mes beaux-parents. Sous les draps, je commence *La Révolte des nonnes*, de Régine Deforges. La chasteté me semble une aberration. À quand le mariage de ceux qui pourraient alors mieux se consacrer à leur mission ?

Dans l'après-midi, j'ouvre un livre sur la bioénergie, de Lowen, et souligne ces mots : *Même s'il est éphémère, le plaisir contient le sens de la vie.* Allongée au pied de mon lit, je m'efforce d'inspirer en contractant le diaphragme et en relâchant les muscles abdominaux, d'expirer en ouvrant le bassin. Les tensions se relâchent. Une nouvelle inspiration profonde, et je sens monter une onde venue de loin.

Louis revient de Roland-Garros où il a passé l'après-midi avec Jean-Michel. Il rayonne : ils ont vu Lendl, Wilander, Vilas, Becker, Noah, Evert et Navratilova. Jean-Michel a demandé pourquoi je n'étais pas venue. S'il se soucie de moi, pourquoi m'interdirais-je de le regarder s'agiter sur un court un de ces jours ? D'ailleurs, j'ai une bonne raison d'aller me promener au jardin du Luxembourg : depuis que nous avons décidé de vendre l'appartement, je visite des biens à louer dans le quartier. Avant de prendre une douche, Louis m'annonce que nous sommes invités à dîner chez un de ses cousins, près de Rambouillet, samedi prochain.

13

UNE GRILLE S'OUVRE SUR UNE ALLÉE DE CHÊNES au bout de laquelle on devine un château à tuiles grises flanqué d'un escalier en fer à cheval. À l'intérieur, il faut traverser une salle de garde ornée de trophées de chasse pour atteindre le salon où des bûches flambent dans une magistrale cheminée. Avec ses portraits d'ancêtres, ses bons fauteuils un peu élimés et ses bergères qu'il faudrait retapisser, la pièce a l'atmosphère de ces maisons des vieilles familles, fières de leur lignée. Ici, le siège où s'asseyait le maître des lieux, là, le piano où jouait l'arrière-grand-mère et, dans la bibliothèque, les livres reliés d'un aïeul voltairien. Alors que je cherche du regard un visage familier, Boris, le cousin de Louis, vient vers nous. En veste bariolée, il a l'air d'un Arlequin. « Ce soir, nous avons réuni des écrivains et des journalistes. Ça change des dîners de chasse ou des thés de dames, dit-il. Je vous présente Henri, notre brillant philosophe. » Chemise blanche ouverte, l'homme a le regard de feu de ceux qui ne voient pas très loin, mais sa crinière corbeau et son nez droit lui donnent, disons, une certaine classe. Entouré de sa femme et de ses deux enfants, il me salue avant de poursuivre, grand manitou à petits bras, une conversation sur la privatisation de TF1. Je rejoins Louis qui s'entretient avec un homme aux joues légèrement couperosées. Une cravate en tricot de travers, il flotte dans son costume gris. Lorsqu'il se penche vers moi, il a le regard d'un chien qui craint d'être battu :

– Yann Berton. Je fais partie des murs, ici.

– Ne sois pas modeste, Yann, tu es un grand écrivain, le flatte Louis.

– Tu es bien bon. Mais à part quelques petits essais et une ou deux biographies dont je suis fier, je ne serai jamais romancier. Faute d'imagination, de légèreté aussi. Et vous, Juliette, que faites-vous dans la vie ?

Je lui dis que j'aime la littérature et le théâtre, cherchant des yeux l'approbation de mon mari. « Ma femme écrit très bien, elle a de la suite dans les idées, s'enthousiasme Louis. » Je lève ma coupe et me dirige vers le buffet, persuadée que Yann rejoindra ses amis. À mon grand étonnement, il me tend une assiette et me demande ce dont j'ai envie. Lorsqu'il me sert une tranche de saumon, je me sens obligée de l'interroger sur son dernier livre. Il me confie qu'il porte sur la toxicomanie, ferme un instant les yeux, et je devine qu'il a dû vivre un de ces drames qui arrivent dans les familles où les adolescents sont livrés à eux-mêmes. Je revois Patrice, le garçon que j'aimais à seize ans : il avait ce regard brumeux et cette voix pâteuse des fumeurs de shit. Longtemps, je m'en suis voulue de l'avoir délaissé.

– Ainsi, vous aimez écrire, dit Yann, sortant de sa torpeur.

– J'écris depuis que je suis petite.

À sa façon de m'écouter religieusement, il semble prendre la chose au sérieux et me propose de dîner sur une banquette installée sous une scène de chasse. Nos assiettes sur les genoux, nous causons comme de vieux amis. Yann a une cinquantaine d'années, vingt ans de plus que moi, mais il me parle d'égal à égal et me conseille de commencer un roman sur un sujet qui m'est proche, sans chercher à créer d'effets, pour être au plus juste. D'après lui, Stendhal possède ce naturel, cette sécheresse que devrait avoir chaque écrivain, même s'il y a chez lui du flou dans les descriptions et des invraisemblances. Il me dissuade d'imiter les auteurs du Nouveau Roman, trop abstraits à ses yeux. En savourant ma tranche de saumon et un gros cornichon, j'essaie de retenir le nom des auteurs qu'il cite, hochant la tête lorsqu'il me demande: « Vous les connaissez, bien sûr? » Un instant, j'imagine qu'il tente de me séduire. Mais, très vite, je chasse cette idée tant il paraît négligé avec ses chaussures à lacets mal cirées, son pantalon trop large et ces pellicules qui parsèment ses épaules. Aussi discret soit-il, Yann semble pourtant bien introduit dans le petit monde parisien. Avec un rien de coquetterie, il prétend qu'aux cocktails littéraires il préfère ses Côtes-du-Nord natales dont il vante la rudesse, les rochers fouettés par la mer, les paysans et les marins pêcheurs. Se dit engagé pour la Bretagne libre. Son regard balaie l'assemblée, puis il pose son assiette sur une commode et s'en va, félin, retrouver une petite femme un peu fripée: sans doute la sienne.

Louis fume un cigare près de la cheminée. Non loin, le philosophe se lance dans un discours sur Sartre, telle la mouche du coche. Tisanes et cafés sont servis. Je m'aventure, une tasse à la main, vers une salle à manger attenante. Yann et sa femme y jouent aux cartes. À la lumière des chandeliers, ils me font penser aux personnages complices et rusés du *Tricheur à l'as de carreau* de Georges de La Tour. Pressé de rentrer, Louis me tire par la manche.

En remontant l'allée des chênes, le champagne, les mets, les fleurs, les tenues des femmes, les conversations, les mots de Yann, son bon sourire, tout se mêle, tout me grise et s'évanouit déjà. Louis cherche la direction de Paris, fait demi-tour, me demande de consulter la carte. À la loupiote, je n'y vois goutte. Il râle, finit par trouver une nationale et nous arrivons à deux heures du matin à Pigalle, où mes belles amies sirotent des jus et câlinent un gros chat. Le tonnerre se souviendra d'elles.

Le lendemain, je suis fermement décidée : j'écrirai tous les jours. Écrire pour ne pas vieillir. Pour ne plus être raisonnable. Pour ne plus séduire, pour ne plus m'oublier. Pour me nourrir. Pour entrer dans le jardin de récréation et jouer à l'élastique ou à la marelle. Écrire comme on écoute un coquillage qui contient vos désirs, au diapason du blues, sous une ombrelle ou une tonnelle, avant de s'effacer sous un linceul.

Mon bureau face à une fenêtre sur cour, je débouche mon stylo et songe au *Bois de bouleaux*, le film de Wadja qui m'a fait pleurer. Parmi les personnages, une paysanne polonaise silencieuse et animale serait, à elle seule, un roman. Le silence me parle. La nuit me protège. Une passion, voilà ce que je vais raconter. Corinne m'a téléphoné la semaine dernière. Elle m'a confié qu'elle avait un amant. Moi, je serais incapable de rentrer d'une après-midi torride et de jouer la comédie. Louis est si généreux. Il m'a même fait la surprise de m'acheter l'ensemble en angora bleu nuit dont j'avais tellement envie. Pourquoi ai-je si peur ? Après tout, la visiteuse du soir passera sans que je m'en aperçoive. Mais, ce soir-là, je ne veux pas me dire : tu n'as pas fait ce que tu aimais. Peut-être est-ce l'insupportable idée qu'il me faudra un jour tout abandonner qui m'empêche de choisir une seule voie : celle de comédienne ou de romancière ? Rilke disait : *Être artiste c'est croître comme l'arbre qui ne presse pas sa sève, qui résiste, confiant, aux grands vents du printemps, sans craindre que l'été puisse ne pas venir. L'été vient.* Je crains le temps qui galope et celui qui s'arrête ; je crains de ne jamais être à l'heure. J'aurais besoin d'être désirée, admirée, respectée. Sans doute devrais-je accepter d'être insatisfaite pour aimer Louis tel qu'il est. Sans doute devrais-je mettre un peu d'humour dans l'eau froide. Dantec nous dirait : c'est maintenant, tout de suite, qu'il faut sonner la cloche, lancer des pétales sur le parvis et brandir les étendards.

J'attrape *Le Figaro* sur le coin de la table : la prédiction de Nostradamus se réalisera-t-elle fin septembre ? La guerre entre l'Iran et l'Irak n'en finit plus. Le Liban n'est plus qu'un champ de ruines. Les otages français ont lancé un appel pathétique au président de la République, une mise en scène atroce des terroristes. Kauffmann, Fontaine et Carton croupissent depuis plus d'un an dans les geôles du Hezbollah. Et nous sommes impuissants. Après avoir feuilleté le journal dix minutes, je regarde à la télévision la visite de Jean-Paul II à Lyon, à Taizé et à Paray-le-Monial. Hier soir, il y avait soixante mille jeunes au stade de Gerland, un show à l'image d'un concert de rock. Il s'est adressé à eux en clamant : « Lève-toi et marche », a parlé du respect que nous devons aux immigrés, comme à tout être humain, et a cité Jean-Marie Vianney, le curé d'Ars, et le père Chevrier, prêtre ouvrier, qu'il a béatifié. Seul bémol, son opposition à la contraception et à l'avortement.

Déjà midi et je n'ai rien écrit.

Le dimanche suivant, Louis grimpe sur son scooter pour aller jouer au tennis au Luxembourg. Je le rejoindrai en fin de journée et nous irons dîner dans un petit restaurant du coin.

Court numéro 1, Louis joue avec Pierre-Alexandre qui peine à relancer les lifts ravageurs de son adversaire. Sur un banc, j'ouvre *Le Parisien* lorsque deux mains se posent sur mes épaules : Jean-Michel. Des mots semblent sortir de sa bouche que je ne parviens pas à comprendre. Lorsqu'il dit : « Ça va, Juliette ? Je savais bien que je te reverrai ici un de ces jours », je retrouve mes esprits. Il salue Louis, prend place près de moi. Comme si je l'avais vu la veille, il me raconte qu'il s'échappe dès qu'il peut de son deux-pièces près de la mosquée de Paris pour filer vers sa cabane.

Lorsque je lui demande où sont ses enfants, il me confie qu'ils sont chez leur mère, en Afrique du Sud, et qu'il ne supporte pas d'être à des kilomètres d'eux. Il me propose ensuite de faire quelques pas. Alors que le bruit des balles s'estompe, il se désole que sa fille de onze ans ait envie de poursuivre ses études auprès de sa mère, que son fils n'aime pas la voile. Après l'avoir longuement écouté, je m'apprête à faire demi-tour pour retrouver Louis qui va bientôt finir sa partie, lorsqu'il attrape mes poignets, me plaque contre un arbre, à l'abri des regards, et me glisse au creux de l'oreille : « Je t'aime, Juliette, je t'ai toujours aimée. » Sa main se fait douce, et le désir qui m'avait submergée lors du dernier dîner resurgit, si fort que plus rien n'existe, je ne sais plus où je suis, ou plutôt, je sais que je suis dans ses bras. Il passe un doigt sur mes lèvres et me dit des choses qui viennent de loin, du temps des Dumontel, des choses qui m'ont tellement manquée, enfant. C'est alors que je découvre sur le tronc du marronnier le D de David que j'y avais gravé d'un coup de canif. En l'effleurant, je me souviens de la promesse que je m'étais faite ce jour-là, et prends le bras de Jean-Michel.

Tandis que nous nous dirigeons vers les courts, il m'annonce qu'il part voir ses enfants quelques mois. Décidément, cet homme restera toujours mon plus beau malentendu, me dis-je, me jurant de l'oublier dès que je passerai la grille du jardin.

Pendant le dîner, devant une fricassée de girolles, Louis se moque du jeu de Pierre-Alexandre. Il a négocié la vente de l'appartement, me fait confiance pour trouver une location près du Luxembourg. Et quand il blague avec le serveur à qui il demande de réduire la note, j'éclate de rire.

Huit jours plus tard, à six heures du matin, le téléphone sonne. Ma mère : « Ton père est mort cette nuit. Une crise cardiaque. Heureusement, il dormait. J'ai appelé le Samu, ils n'ont pas pu le sauver. » Papa ! Il avait regardé la télévision, avait un peu mal au bras, la poitrine légèrement oppressée, et s'était dit qu'il avait trop joué au tennis. Papa, son doux sourire. Il avait soixante-et-un an. En larmes, je me réfugie dans les bras de Louis et je revois mon père sur un sentier des Vosges. Sac au dos, regard rivé vers la ligne bleue, il m'avait livré ses doutes : « Tu sais, je suis persuadé que Dieu ressemble à ce petit vent qui souffle sur les collines, une bise discrète, si légère qu'on n'y fait pas attention.

À ma mort, j'aimerais que mes cendres soient dispersées sur un ballon des Vosges. Je ne crois plus à la résurrection. »

À Mulhouse, la dépouille de papa repose dans le salon, près de son bureau, là où nous avons eu tant de conversations. Durant la nuit, il m'apparaît au milieu d'une prairie bordée de sapins où des vaches paissent et des papillons butinent. Il me salue de la main : « Ne t'inquiète pas, je suis près de vous. »

Ma mère envisage déjà de vendre la maison pour venir à Paris où elle retrouvera sa mère et ses amies. Parmi elles, Solange. Je n'arrive pas à m'en réjouir.

❧

Des rayons de soleil taquinent les voilages. En boule sous les draps, je ferme les yeux, un pied dans le cauchemar de cette nuit. Aurélien et Alexandre gambadaient dans un champ piqueté de boutons d'or. J'entrais dans un chalet non loin où une femme aux cheveux gris tapait à la machine et me regardait d'un œil torve. Dehors, les enfants avaient disparu. Je me précipitais au bout de la clairière, grimpais sur un rocher, au-dessus d'un ravin, et les retrouvais agrippés à la paroi, pour ne pas tomber.

Un gant frais sur le visage, un café, et je n'y penserai plus. Sous la douche, l'image du corps de mon bébé dans un bocal surgit. Et avec elle, l'angoisse de perdre un de mes enfants.

Yann m'a donné rendez-vous tout à l'heure chez Caviar Kaspia, place de la Madeleine. J'hésite entre une jupe bleu marine et une robe panthère dénichée à Pigalle. Va pour la panthère. Les épaules dégagées, je me parfume à *L'Heure bleue.* Un taxi me dépose devant le restaurant. À une table isolée, Yann plie *Le Figaro* et vient m'embrasser : « Tu es ravissante ! », dit-il en rougissant. Je remonte les bretelles de ma robe, regrettant mon choix. « Quel plaisir de te revoir depuis tout ce temps ! Comment va ton mari ? », me demande-t-il en déroulant sa serviette de table. S'il me parle de Louis, je ne peux le soupçonner de me courtiser. M'a-t-il invitée pour le simple plaisir de déjeuner en ma compagnie ? Lorsqu'il se vante du succès de son dernier livre, je ne me pose plus de questions. Intarissable, il m'annonce qu'il vient de terminer la biographie d'un grand éditeur. Un personnage schizophrène, d'une folle intelligence mais dépourvu de cœur. Yann se retrouve chez ce séducteur qui a vécu dans des hôtels, entouré d'une cour, changeant tous les soirs de maîtresse. Quand il m'apprend qu'Henri, le philosophe, a quitté sa femme pour une actrice blonde et voluptueusement maigrichonne, j'ai la sensation délicieuse qu'il me fait des confidences, que, grâce à lui, je me faufile dans les alcôves du monde littéraire qu'aimait tant mon grand-père. La carte du bistrot à la main, il m'invite à choisir ce qui me plaît. Les prix ne sont pas affichés. J'opte pour cent grammes de caviar. « Et deux saumons », ajoute Yann qui avoue qu'il a passé six mois à la prison de la Santé après avoir commis un attentat en Bretagne. Un attentat ? Il ferait donc partie de ces rebelles prêts à tuer pour libérer la Bretagne, me dis-je songeant à la fascination de Mathilde de la Mole pour le comte Altamira, condamné à mort. Le caviar servi, je laisse fondre dans ma bouche les œufs qui tapissent mon palais. En nappant de crème un blinis, il me parle d'un de ses amis écrivains, lui aussi militant du FLB, qui déjeune de temps en temps avec lui ici, un grand amateur de vodka, pamphlétaire bien renseigné qui a quelques gouttes de génic. Les joues pivoine, je déguste mon saumon. Au café, il m'interroge sur mes projets. Alors que je lui confie que j'écris des poèmes, Yann pose sa tasse: « C'est bien joli la poésie, mais je suis sûr que tu as des idées de romans. Écris ce que tu n'oses dire, tes désirs, tes fantasmes... Sens-toi libre. Et puis tu devrais créer un salon littéraire. Cela te permettra de recevoir des écrivains, de t'introduire dans le milieu. Avec la famille de ton mari, tu as des appuis. » Je rétorque que, moi aussi, j'ai de qui tenir puisque mon grand-oncle est Paul Dantec. Il s'illumine: « Le père Dantec, un grand esprit! Je l'ai rencontré en Bretagne et l'ai revu chez mon éditeur. Il m'amusait beaucoup. Sa vie est un roman, sa fin, fascinante. Un cardinal célèbre, érudit, médiatique, très contesté, qui meurt chez une prostituée: voilà un sujet en or! » Je ne sais quoi en penser: un livre sur oncle Paul, ma grand-mère ne le supporterait pas. Yann s'essuie la bouche avec un coin de la nappe: « Le saumon n'était pas si mauvais que ça. » Lorsqu'il remplit un chèque, je ne peux m'empêcher d'admirer sa belle écriture penchée: cinq cents francs et cinquante-trois centimes. Une somme!

14

Il y a quelque chose d'apaisant dans le VIe arrondissement, quelque chose qui me rappelle l'époque de mon grand-père, et je me sens chez moi dans cet appartement lumineux, rue d'Assas. Un immeuble art déco, trois chambres, un salon-salle à manger, deux canapés cerise près de la cheminée, des rideaux Nobilis assortis et le piano où Laura s'exerce aux gammes. Tous les matins, j'enfile un short et des baskets pour courir le long des grilles du Luxembourg dans le but inavoué de croiser Jean-Michel.

Aurélien, dont nous avons fêté les neuf ans cet été à Beg-Meil, vient de partir avec Alexandre prendre un cours de tennis au « Luco », comme ils disent. De son côté, Laura est avec ses nouvelles amies. Ce quartier semble nous réussir et je peux me consacrer à mon nouveau projet : l'adaptation théâtrale du *Rouge et le Noir*. Il y a six mois, je cherchais un roman qui puisse faire l'objet d'une pièce. En faisant les cartons pour le déménagement, je suis tombée sur mon vieil exemplaire poche du lycée avec Gérard Philippe et Danièle Darrieux en couverture. Je l'ai lu une dizaine de fois, j'ai repris les dialogues de Stendhal. En trois semaines, le premier jet de la pièce était écrit et j'ai bien l'intention de jouer Louise de Rênal.

Devant mon ordinateur, je reprends la scène de l'arrivée de Julien Sorel chez les Rênal. Depuis ses débuts jusqu'au coup de revolver, je me retrouve en lui. Il doute, risque tout, perd tout. Mathilde est comme lui, fantasque, si hantée par la reine Margot qu'elle ose réclamer au bourreau la tête de son amant. Le séjour de Julien au séminaire me fait penser à ce qu'a dû vivre oncle Paul quand, à vingt-quatre ans, il a quitté ses amis et abandonné ses ambitions littéraires et politiques pour le noviciat des jésuites. Une vie austère, rythmée par la prière, les lectures, les tâches ménagères. Silence dans le dortoir, lever à cinq heures, oraison, nettoyage et balayage, épluchage des pommes de terre, messe, repas, lecture, confession, couvre-feu à vingt heures. Une caserne où *il est une façon de manger un œuf à la coque qui annonce les progrès faits dans la vie dévote*, écrit Stendhal.

Ma pièce sous le bras, je suis allée au théâtre du Lucernaire, à deux pas, et l'ai confiée à la secrétaire du directeur. Une semaine plus tard, celui-ci m'a appelée et m'a proposé un rendez-vous. Banco : *Le Rouge et le Noir* est programmé en février. Le directeur a même obtenu l'accord de Gregor Zarik, un metteur en scène serbe qui, paraît-il, a beaucoup de talent. Lorsque je lui ai fait comprendre qu'il allait de soi que je tienne le rôle de Mme de Rênal, il m'a rassurée.

Grâce à Yann, j'ai rendez-vous avec Guy Béranger, un fou de Stendhal. L'air est plein d'odeurs de pommes et de feuilles pourries. Dans une ruelle, à quelques pas de la place Saint-Michel, les éditions Deschamps se nichent au pied d'un immeuble à la peinture effritée. À l'intérieur, ça sent le vieux papier, l'encre et le mégot. Derrière un comptoir, une jeune fille souriante trie le courrier. Elle me conduit par un escalier étroit au premier, où elle me fait patienter sur un tabouret. La tête légèrement penchée, un homme à la barbe neigeuse passe. Une éminence grise de la maison ? Quelques minutes plus tard, l'hôtesse me prie de la suivre vers un minuscule bureau où trône, près d'une lucarne, le portrait d'Henri Beyle. Derrière une pile de manuscrits, Guy Béranger me tend la main. Sa peau bronzée, tirant sur l'orange, qui tranche avec sa chevelure poivre et sel, laisse à penser qu'il revient de vacances au soleil. Dans son costume anthracite, il a ce raffinement, ces yeux charbonneux et cette silhouette élancée de ceux qui prennent soin d'eux, sans doute pour séduire de jeunes romancières. « Ainsi, vous avez eu l'audace d'adapter ce chef d'œuvre ! s'exclame-t-il. Une belle idée : Stendhal rêvait d'être dramaturge. Saviez-vous qu'il écrivait d'un style de plus en plus sec à mesure qu'il grossissait ? » En hochant la tête, je lui annonce que je jouerai Louise de Rênal. Sans y prêter attention, l'éditeur me confie qu'il vient d'assister à la mise en scène d'une pièce d'Henri, son ami philosophe. Lorsque je lui dis que j'ai fait sa connaissance chez des cousins de Louis, il esquisse un sourire acidulé, avant de revenir à Stendhal, à sa cristallisation, ce drame du désir que l'on porte au désir de l'autre, pierre angulaire de toute passion. « Lisez *Mensonge romantique et vérité romanesque*, de René Girard, tout est là ! », dit-il en me raccompagnant. Afin de le retenir, je lui rappelle que mon grand-oncle était le père Dantec. « Ah ! Je me souviens que la vieille éditrice qui s'en est occupée m'avait dit : "C'est un sacré zozo." Chaque fois qu'il venait chez elle, il en profitait pour prendre un bain.

À bientôt, chère madame», lance Béranger qui s'en retourne d'un pas de danseur vers ses textes.

En chemin, je songe à Anaïs Nin qui aimait chez Henry Miller le désir qu'il nourrissait pour June. On est toujours trois dans l'amour, me dis-je, décidée à ne pas faire partie du triangle infernal: la femme, le mari et son meilleur ami. Quand je pense à Jean-Michel, je vois un cabinet aux mille tiroirs secrets.

Afin d'avoir son avis, j'ai confié ma pièce à Yann. Tout à l'heure, nous déjeunons ensemble chez Lipp. Au moment où je traverse la place Saint-Germain-des-Prés, un pigeon fiente sur mon épaule. Le rendez-vous s'annonce bien…

Chemise bleu ciel sur pantalon de flanelle, il lit *Le Monde* en terrasse. Ses joues s'empourprent. Il me demande si je n'ai pas froid, si je ne préfèrerais pas être à l'intérieur. Tandis que je découvre la carte du restaurant, il me félicite pour ma pièce qu'il trouve perverse, rythmée, et les personnages sont bien campés. Lorsqu'il me parle de Julien Sorel, je ne peux m'empêcher de penser que lui aussi s'est rêvé en héros rebelle et ambitieux, avant de perdre ses illusions. Sur la table, sa dernière biographie de la poétesse Anna de Noailles. Alors qu'il évoque le salon de la princesse, avenue Hoche, où se réunissaient Cocteau, Claudel, Jammes, Loti, Mauriac et tant d'autres, je me vois déjà recevoir des auteurs prometteurs, allongée sur une méridienne. En finissant son verre de pouilly-fuissé, Yann me dévisage soudain avec intensité:

– Juliette, je te désire depuis la seconde où je t'ai vue. Chaque fois que je suis avec toi, c'est le même frisson. Voilà, je viens de sauter le pas, qu'en penses-tu?

– Tu sais, j'ai beaucoup d'admiration pour toi, pour ton intelligence, j'aime discuter avec toi, mais je voudrais que nous restions amis.

– Je t'en supplie, téléphone-moi au bureau, insiste Yann, les yeux embués.

Mes lunettes de soleil sur le nez, j'avale un café et m'en vais avec l'horrible impression qu'il est à ma merci, que, si je le voulais, je pourrais lui demander n'importe quoi.

Le mercredi suivant, l'humeur vagabonde, je gambade le long de la rue d'Assas pour retrouver Gregor Zarik, mon metteur en scène, à la Closerie des Lilas. Avec son aquarium où des homards essaient de se pincer et son bar-bateau, la Closerie a gardé l'esprit guinguette bohème du temps où les Américains venaient y picoler. Dans un coin de la terrasse, un colosse chauve en parka est attablé devant une bouteille de vodka Smirnoff. Sa main écrase la mienne. Il commence par me complimenter sur la pièce. « Un roman si célèbre, nous devrions attirer du monde ! », dit-il, se vantant d'être une célébrité dans son pays et d'avoir monté Tchekhov avec les plus grands acteurs serbes. Un serveur accourt. « Deux bières, s'il vous plaît », ordonne Gregor qui sort de sa poche le paquet de feuilles où figure mon nom sous *Le Rouge et le Noir*.

– Je me suis permis quelques petits ajustements, précise-t-il. J'espère que cela ne vous froissera pas.

– Pas du tout, si c'est constructif ! dis-je, penchée sur une page que Gregor a barrée d'un trait de crayon rouge.

Peu à peu, je m'aperçois que la plupart sont couvertes de ratures, que des passages entiers ont été supprimés. Lorsque je lui fais remarquer qu'il a sabordé mon texte, Gregor se frotte les mains et me donne sa vision des choses : il faut se détacher de Stendhal, le rendre plus moderne, insister sur la cruauté de Julien, faire de Louise une gourde, confier à Lisa, la petite bonne, un rôle majeur, couper les situations mièvres et irréalistes, comme cette fin grotesque où Mathilde porte la tête de Julien. Je proteste :

– Impossible ! Sans cette scène, la pièce ne tient pas, elle en est l'aboutissement.

– Mais enfin, il s'agit de l'histoire d'un arriviste ! On se fout des légendes, du comte Altamira et des rêvasseries de Mathilde ! C'est à prendre ou à laisser.

Une gorgée de bière et je lui demande s'il garde au moins le séjour de Sorel au séminaire. Gregor fait un bras d'honneur : balayé, lui aussi. Je frappe du poing sur la table, décidée à lui retirer ma pièce. Comme s'il cherchait à m'amadouer, il se fait mielleux : « Vous verrez, ce sera beaucoup mieux. » En terminant ma blonde, j'en viens au casting, aux répétitions et à mon rôle. Gregor marmonne :

– Je n'ai pas encore fini la distribution. Pour madame de Rênal, j'ai pensé à une actrice professionnelle.

– Mais, mais, mais… enfin… ce n'est pas ce qui était convenu. J'ai pris des cours de théâtre… ce rôle est écrit pour moi.

– Écoutez, je vous auditionnerai et je verrai si vous avez la stature pour incarner le personnage. Rendez-vous au théâtre début janvier.

Un salut de la main, et il traverse la cour à grandes enjambées, me laissant l'addition. La tête entre les mains, je me vois assister à ma pièce, ma pièce tronçonnée, impuissante.

À peine rentrée, je m'effondre dans les bras de Louis. Entre deux crises de larmes, il me conseille de ne pas me laisser faire et d'aller voir le directeur du théâtre. Je l'aurai, ce rôle!

Deux jours plus tard, bien emmitouflée, je flâne jusqu'à la place Saint-Sulpice où se tient le marché de la poésie. Dans l'espoir de rencontrer un éditeur pour mon recueil, je vaque d'un stand à l'autre parmi des rêveurs à barbiche. Un directeur de revue se plaint du désintérêt pour la poésie, publiée, la plupart du temps, à compte d'auteur. Alors que je tire un vieux recueil de François Villon d'un bac, un jeune homme pâlichon, quelques traces d'acné sur les joues, plante ses yeux violines dans les miens:

– Vous aimez la poésie?

– Bien sûr, sinon je ne serai pas ici.

– Vous signez sur un stand?

– Pas du tout!

Villon sous le bras, nous nous approchons de la fontaine où il fait clapoter de l'eau:

– Vous êtes mariée?

Je lui montre mon alliance.

– Tant mieux! Les jeunes filles ne m'intéressent pas. Ça vous dirait de prendre un verre au Café de la Mairie?

Amusée par son audace, je le suis au premier étage du bistrot. Sur la banquette d'un train d'autrefois, il réclame au serveur deux verres de pouilly avant d'agripper ma main. La sienne est chaude, un peu moite. Il s'appelle Vladimir, il a dix-neuf ans. Tout à trac, il se livre: après la mort de ses parents dans un accident de voiture, il a été élevé par sa grand-mère et prépare aujourd'hui une licence de philo. «La philo, c'est bien gentil, mais ça ne mène à rien, lâche-t-il un peu pompeux. J'aimerais écrire des romans. Vous pourriez me donner des conseils ? » À cet instant, je deviens Louise de Rênal, ou du moins, je la joue. Pas peu fière qu'il me prenne pour une romancière, je lui propose de m'envoyer une nouvelle. En guise de réponse, il plaque ses lèvres sur mon poignet. Ça dure un peu trop longtemps. Je lui dis qu'il faut que je file. Il sort quelques pièces de son porte-monnaie et je l'abandonne d'un : « Écris-bien. Salut ! » Sur la place, je m'aperçois qu'il ne m'a pas demandé mon adresse et qu'il a gardé mon Villon !

Dehors, le capot des voitures est recouvert d'une fine couche de neige, les enfants glissent, les vieux dévissent. Bottes aux pieds, je patauge dans la gadoue vers le Lucernaire. Le directeur a plaidé ma cause, ma dernière cartouche. J'ai l'impression de devoir passer devant un tribunal – je suis tout de même l'auteur, nom d'un chien ! Près du directeur et de ses amis, Gregor monte la garde et ronchonne dès que quelqu'un entre. Sur scène, une pulpeuse aux seins lourds minaude devant le maestro. Elle joue Lisa, la bonne des Rênal, dont il a fait un personnage central. Gregor me présente Raklo, un Roumain baraqué qui interprètera Julien. Il brame : « On y va, les enfants ! À toi, Juliette. » Une longue inspiration et je déclame : *Hélas ! j'ai dix ans de plus que vous ! comment pouvez-vous m'aimer !* Gregor tape dans les mains, tempête : « Ça ne va pas du tout, recommence, sans trémolo dans la voix : tu n'es pas Greta Garbo. » D'un ton plus détaché, je reprends la réplique. Il me coupe à nouveau : « Décidément, tu ne la sens pas. Lisa, ma chérie, prends sa place. » La poitrine en avant, la jeune fille martèle son texte, telle une chiffonnière. « Tu es superbe ! », s'excite Gregor. À cet instant, le directeur du théâtre intervient : « Juliette, veuillez enchaîner avec Raklo. Et oubliez-nous, s'il vous plaît. » Je m'avance, comme si j'allais à l'échafaud. Me souvenant des conseils d'Irma, je ne retiens plus rien, les mots affleurent, malgré moi : *J'ai peur de toi. Grand Dieu ! ne m'aurais-tu jamais aimée ? En ce cas, que mon mari découvre nos amours, et qu'il m'enferme dans une éternelle prison, à la campagne, loin de mes enfants.* Mes larmes coulent et lorsque je dis : *Je mourrai bientôt. Mais tu seras un monstre,* je sais qu'à cet instant, je pourrais mourir, comme ma grand-mère qui s'est endormie pour toujours dans son lit d'hôpital.

Ma Diane à qui je n'ai pas pu dire adieu, sa chambre, aussitôt libérée. Dans ce genre d'endroit, on ne s'encombre pas. La dernière fois que je suis allée la voir avenue Raphaël, le soleil déclinait sur le jardin, l'embrasant d'une lumière dorée. Elle avait eu un étourdissement et se reposait dans son lit. Sur son visage, le désespoir et la résignation de ceux qui attendent d'être délivrés d'un chagrin que rien, pas même la tendresse des siens, ne peut soulager. Seule la présence de son fils, mon parrain, l'éclairait un instant. Après la mort de Marcel et de Paul, ma grand-mère s'était emmurée dans le silence. Je ne voulais pas admettre qu'elle était atteinte d'un mal qui l'emporterait. Son cœur, déjà fragile, se fatiguait. Lorsque Maïté m'a dit : « Elle se laisse mourir », je ne l'ai pas crue, j'ai pris la main de Diane et je l'ai embrassée. Elle était si faible que j'ai eu peur de lui faire mal, mais son sourire l'adoucissait, le sourire de la jeune fille qu'elle avait été. Je me suis alors souvenue qu'elle était douée pour le chant et je l'ai imaginée à dix-huit ans, la première fois que Marcel était venu déjeuner chez ses parents. Paul l'avait rencontré à la Sorbonne, ils étaient devenus amis. Il voulait lui présenter sa famille. Entourée de ses cinq frères et sœurs qui se chamaillaient, Diane n'avait d'yeux que pour ce jeune avocat dont la verve et l'assurance la fascinaient. Je la revois boulevard Saint-Germain et à Chosang où tout lui ressemblait. Lorsque je me plaignais de la sévérité de ma mère, que je lui confiais mes soucis, elle avait toujours le bon mot qui m'apaisait.

Il bruinait devant la petite église de Chosang quand les croque-morts ont porté le cercueil recouvert d'hortensias bleus. Au cimetière, où son corps a été descendu aux côtés de celui de Marcel, j'ai jeté une rose blanche dans le caveau. En regagnant la voiture de mes parents pour rentrer avenue Raphaël où la famille avait décidé de se retrouver, une grosse femme affublée de couleurs criardes m'a lancé un regard de fouine. À son nez crochu, j'ai reconnu tante Lucie, que je n'avais pas revue depuis mon mariage. En larmes, Maïté s'est blottie dans les bras de ma mère qui s'est écriée : « Diane a retrouvé Marcel et Paul. Elle est en paix. » Et j'ai repensé à ma promesse à oncle Paul, je me suis dit : le théâtre, c'est fini, il me reste mon stylo et un roman qui m'attend quelque part.

15

Déjà midi. Yeux clos dans un fauteuil à oreillettes, j'attends encore le déclic. J'ai trop dormi et je me sens comme une coquille vide. Quand j'y pense, à trente-huit ans, je n'ai toujours rien publié et je viens de jouer pendant deux mois une pièce qui n'était plus la mienne. À quoi bon tant d'efforts ? Pourtant, c'est bien là, dans ce no man's land que se niche les clefs de la création. Et si je me lançais dans un roman sulfureux qui s'appellerait *Bleu vert* – clin d'œil à Stendhal ? Il ferait scandale, on en parlerait dans les cocktails parisiens où l'on chuchoterait mon nom, la main sur le menton. Assez rêvassé, commençons par un brouillon : je dois être à dix-huit heures au bar du Lutétia.

Avachi dans un fauteuil club, Yann lit *Libé*. Il revient du Vietnam où il a vogué sur le Mékong, exploré la baie d'Along, arpenté des forêts de bambous et des marchés de vendeurs d'oiseaux. Depuis notre dernier déjeuner, je garde mes distances. Pas sûr qu'il ait compris. Il avale une gorgée de *Black & White*, sans glace, moi, un jus de tomate, sans Tabasco. Lorsqu'il me demande si ma pièce a été un succès, j'élude : « Avec trois enfants, le théâtre, c'est trop prenant. » À quoi bon lui parler des crises de Gregor, des caprices des comédiens ? Il m'interroge sur mes projets d'écriture, et je lui confie que j'ai un petit roman sous le coude. Yann grignote une chips, bâille : « Je serais heureux de te lire, mais, si tu veux mon avis, j'insiste, tu devrais vraiment écrire un livre sur le père Dantec. Avant que quelqu'un d'autre ne le fasse… » En piquant une olive, je m'imagine enfermée dans une bibliothèque derrière les piles de livres de mon grand-oncle, et je m'en sens incapable, je m'ennuie déjà. « Tu as tort, reprend Yann. Relis *La Puissance et la Gloire*, de Graham Green, le *Journal d'un curé de campagne*, de Bernanos ou *Les oiseaux se cachent pour mourir*, de Colleen McCullough. Ils vont t'inspirer. Béranger pourrait être intéressé par le sujet ; je m'engage à lui remettre le manuscrit. S'il est solide, on pourrait envisager un tirage à dix ou douze mille exemplaires. La presse en parlera, tu seras invitée à la radio, à la télévision. » Lorsque je lui répète que je ne me sens pas à la hauteur, Yann triture sa cravate, se frotte le menton et souffle : « Alors, profite d'avoir du temps pour rencontrer des journalistes. Laisse les hommes venir à toi, raconte tes aventures et inspire-toi des dîners en ville, du petit monde des salons de Proust ! » Je rêve ou il me prend pour une mondaine ?

En sortant du Lutétia, il me propose de faire quelques pas et s'arrête devant un hôtel aux volets verts, l'hôtel Fervaques.

– C'est ici que nous nous retrouvions l'après-midi, Florence et moi, avoue-t-il. Avec elle, l'amour était sauvage. Je n'ai jamais vu une femme jouir si longtemps. On aurait dit que son corps s'embrasait. Tu veux que je te montre la chambre que nous occupions ?

– Non merci.

– Ah ! Si seulement je pouvais caresser tes chevilles, elles sont si fines.

Ses yeux me déshabillent. Sur ses lèvres sèches, un sourire de convoitise. En foulant le pavé, j'ai l'impression de n'être plus rien, rien qu'un objet de désir. Au loin, des nuages noirs assombrissent le jour.

Dans la maison endormie, je reprends l'écriture de *Bleu vert.* Plus je me relis, moins j'ai envie de le publier. Pourquoi ne pas raconter une rencontre entre un vieux monsieur fantasque qui transmet sa joie de vivre à une adolescente déprimée ? Quelques pages du livre de René Girard dont m'a parlé Béranger, et tout s'éclaire : le trio est là. Je vole vers mon ordinateur, tape *L'Attente* en lettres majuscules ; en dessous : roman, puis, Juliette Monin et me mets au travail.

Avant de m'endormir, je relis des passages d'*Henry et June.* Anaïs revient d'une après-midi avec Henry et retrouve Hugo. Comment fait-elle pour écrire près de son mari alors que chacune des parcelles de son corps brûle pour un autre ?

Au fil des jours, les pages de *L'Attente* se remplissent. J'ai hâte de le terminer et de faire lire à Yann cette histoire d'amour, qui se termine mal, forcément ! Quand je vide mon cendrier, des bouffées d'angoisse me submergent. Depuis que j'ai arrêté d'animer des stages, je ne gagne plus rien. Si un jour je me retrouvais seule, de quoi vivrais-je ? À la recherche de mes vieux curriculums vitae, je clique sur ma souris : mon ordinateur sait tout de moi. Je pourrais, pourquoi pas, créer une collection dans une maison d'édition. Et puis si d'aventure je rencontre un directeur de journal, je lui proposerais de faire des critiques. Pas évident d'être des deux bords. Toujours est-il que le seul qui puisse me mettre le pied à l'étrier est Yann. À la pensée qu'il pourrait enlacer mes chevilles, une crampe au mollet me tenaille.

J'ai dormi dans le bureau. Louis a dû partir tôt ce matin, il a signé un nouveau contrat pour un hôtel de luxe commandé par un émir du pétrole. Hier, il m'a offert des roses rouges et nous nous sommes régalés d'un plateau d'huîtres. J'ai peur de l'ennuyer avec mes romans. Sur mon agenda, les rendez-vous s'accumulent. Mardi, dix-sept heures : rencontre philosophique animée par Raphaële Billetdoux au Café des Phares. Mercredi, lecture des poèmes de Robert Desnos à la Sorbonne par Michel Deguy. Travailler sans contrat, seule avec ses lubies, est-ce un métier ?

La semaine dernière, j'ai confié *L'Attente* à Yann. Il m'a promis qu'il me donnerait son avis, mais je crains qu'il soit déçu. Ah ! si je pouvais m'enfouir sous le sable. Après le repas avec les enfants, je me plonge dans *Tropismes*, de Nathalie Sarraute. J'aimerais tant m'inspirer de son style pour évoquer les conversations que j'ai glanées au Café de la Mairie. Une odeur de brûlé monte de la cuisine. Je m'y précipite : la ratatouille est en train de cramer. Impossible de rattraper la casserole.

Dix jours plus tard, au Bar de la Croix Rouge, Yann m'attend au soleil. Il trempe un croissant dans son café, tache sa chemise jaune. Mon sac sur les genoux, j'attends le verdict.

– Ce n'est pas positif, me laisse-t-il entendre.

– Béranger n'a pas aimé ?

– Aujourd'hui, les éditeurs cherchent à tout prix l'originalité ou le coup de poker commercial. Je reconnais qu'il y a dans *L'Attente* un crescendo émotionnel, simple et efficace. Mais…

– Mais quoi ?

– J'ai fait lire ton manuscrit à une amie chargée de sélectionner les textes envoyés par la poste chez Deschamps. Elle m'a envoyé une lettre plutôt vacharde.

– Tu peux me la montrer ?

– Je ne préfère pas. Ça te flanquerait un coup sur la cafetière. Je lui ai téléphoné, ça n'a rien changé.

– Elle a dû te dire que je n'étais pas un écrivain, que c'était de la littérature de gare.

– Un peu ça. Elle a voulu savoir comment tu étais. J'ai répondu : très belle.

J'écrase rageusement ma cigarette et lui demande ce qu'a pensé Béranger. Après un silence, il reconnait qu'il ne lui a pas donné mon roman. Devant mon désarroi, il m'explique alors que, si je veux tenter ma chance pour *L'Attente*, il vaudrait mieux le reprendre en accentuant la dimension érotique qui, d'après lui, devrait plaire à « certains éditeurs », quitte à l'envoyer sous pseudo. Si je suis partante ?

Jamais !

16

DES FLOCONS SE POSENT SUR MES CILS. J'essaie d'éviter les plaques de glace du trottoir de la Pompe où j'ai rendez-vous avec Mme Mistral, une voyante conseillée par Camille. Depuis la rentrée, j'ai fait du chemin. En décembre, j'ai envoyé à un éditeur, avec qui Louis joue au tennis, *L'Attente, Leïla* et *Variations sur une terrasse*, mon récit à la manière de Nathalie Sarraute. Trois semaines plus tard, j'ai reçu une lettre : tous trois refusés. Le sujet de *L'Attente* manquerait d'épaisseur ; *Variations sur une terrasse* serait trop confus. Quant à *Leïla*, malgré le ton plus simple, plus réaliste et les personnages bien trempés, le style pècherait, fragilisant le texte. L'éditeur s'excuse pour sa sévérité mais prétend qu'il est difficile de lancer un auteur qui ne l'a pas totalement convaincu.

Fiévreuse pendant deux jours, j'ai fini par me consoler en me disant que je retravaillerai *Leïla* plus tard. D'une certaine façon, je suis soulagée que *L'Attente* ne soit pas publié : je le garderai dans mes tiroirs. Grâce à Yann, un de ses amis, rédacteur en chef d'un magazine, a accepté de me confier la critique d'*Engrenage*, le récit d'une femme qui s'enlise dans la folie. Le début d'une nouvelle carrière ! Naïvement, j'ai fait lire le papier à l'auteur. Le lendemain, le rédacteur en chef m'a appelée : la folle se serait plainte et lui aurait interdit de publier mes quelques lignes, mettant ainsi fin à notre collaboration avortée. Ça me servira de leçon : il ne faut jamais rien montrer avant parution.

Au pied de l'immeuble années trente au hall marbré où j'ai rendez-vous avec Mme Mistral, je me dis qu'elle gagne bien sa vie, cette voyante. La belle soixantaine, elle est couronnée d'un chignon brioche qui tangue un peu lorsqu'elle me tend sa main aux ongles carmin. Devant son bureau napoléonien, elle peine à sourire tant son visage est tiré par d'invisibles fils. Après m'avoir longuement dévisagée, elle m'invite à mélanger un jeu de cartes et à en tirer sept qu'elle dispose précautionneusement sur un tapis vert, selon un ordre qui m'échappe. « À première vue, vous avez envie de liberté. Vous avez vécu à l'étranger, n'est-ce pas ? », commence-t-elle en contemplant mon jeu. Étonnée par cette entrée en matière, je me garde de lui en dire plus. Jetant son dévolu sur un valet de pique, elle ajoute : « Vous êtes une hypersensible, madame : vous avez sans conteste des dons artistiques. Placé à côté du neuf de trèfles, ce valet signifie pourtant que vous avez du mal à prendre des décisions. » Je balance la tête. « Ah ! La reine de cœur, un porte-bonheur ! s'exalte Mme Mistral. Vous allez traverser des cycles mais, à terme, vous vous acheminez vers une inspiration plus personnelle. » En étalant un second jeu, elle grimace : « Ce roi de carreau n'est pas bon. Entourez-vous de conseillers ou d'avocats lorsque vous vous engagerez et que votre travail commencera à être payé de retour. Je vois aussi une femme en noir, une femme de l'ombre. Méfiez-vous d'elle. Elle est nuisible. » Comme j'essaie d'en savoir plus, Irma ramasse les cartes : « Il faudra attendre la prochaine séance. Quant à votre couple, permettez-moi de vous dire qu'il ne sera pas éternel. » La voyante rajuste son chignon, empoche mes billets et me souhaite une bonne année. Mes bottes dérapent sur le verglas. Les fesses trempées, je pleure à grosses gouttes sur ma vie ratée, mes romans refusés, l'avenir qui ne cesse de se dérober.

La pluie a sali la neige. Hier soir, nous sommes allés au théâtre Hébertot voir *Gertrud* où Ludmila Mikaël incarne une femme éprise d'absolu qui quitte son mari pour un jeune compositeur talentueux. J'en ai été toute remuée. Les manuscrits que des éditeurs m'ont renvoyés s'entassent dans le bas de mon placard. Sur une feuille, ma liste de résolutions : prendre le temps avant de confier un nouveau manuscrit, m'astreindre à une discipline quotidienne de travail, me laisser surprendre et me documenter sur oncle Paul. J'ai pensé aux conseils de Yann. Aurai-je plus de chances d'être éditée grâce à mon grand-oncle ? Quoi qu'il en soit, sa vie est passionnante, et, à travers lui, peut-être pourrai-je trouver ma voix d'écrivain.

Quand j'ai annoncé ma décision à Yann, il m'a demandé si j'avais en ma possession des archives de famille, des inédits, ses conférences, ou sa correspondance. Je n'y avais pas pensé. Ma mère a peut-être quelques lettres, il faudra que je l'interroge sur oncle Paul. En y réfléchissant, je sais peu de choses de lui. Yann m'a conseillé d'enquêter sur sa mort. Or je me souviens que lorsque j'avais voulu comprendre pourquoi personne n'avait réussi à rencontrer Loulou, ma belle-mère m'avait répondu : « Nous nous heurtons à un mur. » La mort de Dantec reste un mystère qui a suscité des fantasmes, des versions contradictoires. On est allé jusqu'à dire qu'il aurait été victime d'une machination du KGB, de la CIA ou même des barbouzes ! Si j'ai le courage d'écrire cette biographie, ce sera pour qu'on cesse de le juger, pour le réhabiliter. Je me replonge dans *L'Autre, ce mystère.* La foi, pour lui, ce fut un coup de foudre, un engagement corps et âme. Il me l'a souvent répété, l'intelligence serait malade de croire que l'homme n'a plus besoin de Dieu alors que c'est précisément dans cette dépendance qu'il trouve sa liberté. Un pied dans l'au-delà, il était persuadé que nous irions tous au paradis. Depuis la perte de mon bébé, je ne vais à la messe que pour les enterrements. Aucune envie d'attendre la fin du monde pour retrouver mes aïeux parmi les milliers de pauvres hères agglutinés, comme dans *Le Paradis* de Tintoret. On doit s'ennuyer ferme là-haut. L'éternité, c'est maintenant, et ce qui m'attire le plus chez Paul est son goût du bonheur, son insatiable curiosité et sa bonté, ce beau mot oublié. Sur la photo de couverture, sa tempe gauche est striée d'une grosse veine. Tout en lui, son regard intense, son sourire un peu crispé et cette artère qui palpite, exprime la tension et il semble me dire : « Ne m'oublie pas. J'ai un message à transmettre et je suis condamné au purgatoire. »

En haut de ma bibliothèque, j'attrape son livre sur les premières communautés chrétiennes. En page de garde, la liste impressionnante de ses publications. Serai-je capable d'en restituer l'esprit, d'évoquer le parcours d'un intellectuel qui savait son grec et son latin sur le bout des doigts, moi qui ne suis ni historienne ni théologienne, moi qui ne connais ni saint Ignace ni le Vatican ? On ne me laissera rien passer.

Dantec mérite mieux qu'une simple évocation de sa vie étayée de résumés de ses essais, souvenirs et témoignages. Je n'ai pas les clefs de la Compagnie de Jésus, un jésuite fera un jour une thèse sur lui, je me sens de plus en plus illégitime. Si ma grand-mère vivait encore, elle m'aurait sûrement conseillé de laisser les morts en paix, d'inventer des histoires, de ressusciter de vieilles légendes.

Quelque chose pourtant me pousse à répondre à l'appel, pour réparer l'injustice et l'offense faites à Paul.

Ce mercredi, en fin de matinée, à l'entrée du jardin du Luxembourg, un jeune homme en chemise blanche et pantalon noir m'aborde : « Pardonnez-moi de vous déranger, madame. Où se trouve la poste ? » Je m'apprête à lui indiquer le chemin lorsque je m'aperçois qu'il tient à la main un livre de Paul.

– Drôle de coïncidence, vous vous intéressez à mon grand-oncle.

– Ah ! Vous êtes de la famille ! J'ai beaucoup d'affection pour le père Dantec et je me passionne pour son action en faveur des liens avec l'Afrique, répond avec tant de ferveur l'étudiant, originaire du Cameroun, que je lui fais part de mon projet.

– Je vous conseille de persévérer dans votre travail. Grâce à vous, les lecteurs découvriront l'homme dévoué et spirituel qu'il était.

L'étudiant m'invite à prendre contact avec le père Retz, un jésuite très cultivé, qu'il a récemment rencontré. Après un soupir de soulagement, je lui serre la main, convaincue que cette rencontre est un signe de Paul… ou du destin.

À l'heure du déjeuner, je découvre une petite enveloppe à l'écriture appliquée : Jean-Michel ! Quel culot ! Il a disparu depuis des mois et il ose m'envoyer un mot, chez moi !

Ma Juliette,

So long. *Tu me manques. Je viens de rentrer. Retrouve-moi au bassin du Luxembourg mercredi à quinze heures.*

Jean-Michel

Après un verre de blanc, je me décide, avec la ferme intention de ne rien céder. À contre-jour, je reconnais sa silhouette. Les mains dans les poches, le sourire enjôleur, il m'embrasse. « Tu habites près de chez moi maintenant », dit-il en m'entraînant vers le Sénat puis la fontaine Médicis. Sous le regard d'Acis et de Galatée, il me raconte son périple, du fleuve Niger à l'océan Indien. Ses enfants l'ont retrouvé en Tanzanie : il en a vu des léopards, des éléphants, des bisons et des lions ! Sa petite entreprise tourne sans lui. Et moi ? Quand me demandera-t-il ce que j'ai fait durant ces quelques mois ? Lorsqu'enfin je lui confie que je voudrais écrire un livre sur Dantec, mais que je ne me sens pas prête à m'attaquer à un tel monument, il rit : « Tu vas y arriver ! Ne fais pas ton Jésus dans cette affaire. Fais ton jésuite ! Je vais te raconter une histoire : un jour, un père jésuite demanda à un quidam. "Brave homme, connaissez-vous le chemin de l'église ?" Ce dernier lui répondit : "Mon père, vous ne pouvez pas le trouver, c'est tout droit !" » Comme je le regarde avec étonnement, il reprend : « Les jésuites sont sinueux, chérie ! Une fois que tu l'auras compris, tu t'en feras des alliés. Ne t'égare pas. Utilise un style direct. Et ne tais rien, de son enfance à la pourpre jusqu'à sa chute. Ce qui compte, c'est l'énigme, la fêlure initiale qui explique le bonhomme. » Tandis que je jette des miettes aux truites, il me prend la main : « Maintenant, viens. » Je sais où il m'emmène. Mon ventre, mes fesses, mon dos, mes reins, chaque fibre de mon corps s'embrase. Au moment où nous approchons de la mosquée, un bout de papier s'échappe de la poche de son jean. Je le ramasse et tombe sur les mots d'une femme éprise. Une femme leurrée. Une de plus. Jean-Michel pâlit. Je détale.

Cette fois encore, j'aurais dû me méfier. Comme toujours, le travail me sauve et je commence à reconstituer l'histoire de ma famille, de ceux qui nous ont précédés, Paul et moi. Le père Retz a accepté de me recevoir dans huit jours. Pourvu que sa mémoire ne flanche pas : il a la voix triste et chevrotante d'un homme au bord du gouffre. Au moment où je bois une tasse de thé noir fumé, le téléphone sonne : Yann. Il me propose de le retrouver demain, à l'inauguration du Salon du Livre de la porte de Versailles où une invitation m'attendra à l'entrée. Une bonne occasion de ne plus penser à Jean-Michel.

Perdue dans les allées, je vais et je viens d'un stand à l'autre. À celui de Deschamps, on sert du champagne. Parmi les invités, Yann discute avec Guy Béranger. Je me faufile près d'eux. Visiblement agacé par mon intrusion, Béranger ne semble pas se souvenir de moi. Afin de ne pas le mettre dans l'embarras, je tâche de lui rafraîchir la mémoire en lui rappelant notre dernière entrevue et notre goût commun pour Stendhal. Bien sûr, je me garde de lui rappeler qu'il a refusé *L'Attente*. Tandis que son regard s'évade, Yann lui annonce que j'écris une biographie sur le père Dantec. « Excellent, excellent. N'hésitez pas à m'envoyer votre manuscrit. Nous en recevons beaucoup : ce serait mieux de l'accompagner d'un petit mot, précisant que vous êtes une amie de Yann », suggère l'éditeur. À ces mots, il pique vers une blonde filiforme. La proposition me paraît complètement prématurée, mais Yann précise que, chez Descamps, la plupart des auteurs signent un contrat sur une idée. Il attrape deux coupes et m'entraîne vers un bar, quelques allées plus loin. En dégustant son mousseux, il s'en prend aux magouilles des prix littéraires, aux critiques « lèche-cul » capables de comparer un directeur de journal à Dostoïevski pour avoir des papiers à la sortie de leur prochain bouquin. Puis, un peu chafouin, il m'avoue que son dernier ouvrage, une analyse politique des années Giscard, a fait un flop à cause de la campagne de Chirac. Il ne compte pas en rester là, lance une revue littéraire et me laisse entendre que je pourrai y collaborer. L'idée qu'il attend quelque chose en échange me traverse l'esprit, mais il change de sujet, pressé de savoir où j'en suis de mes recherches sur Dantec. Je lui raconte la rencontre avec le jeune étudiant qui m'a revigorée, mon coup de fil au père Retz et l'espoir que le vieux jésuite me soutienne. Yann semble ailleurs. Lorsqu'il propose de me raccompagner en voiture, je me sens prise au piège : si je refuse, il risque de se vexer, si j'accepte, il pourrait en profiter. Je prétexte un rendez-vous avec Camille. Après un baisemain appuyé, il décampe.

Depuis que Yann a parlé de mon projet à Béranger, je ne peux plus reculer. En parcourant le petit livre de Paul sur les communautés chrétiennes, je comprends mieux pourquoi il est si attaché aux rites, mythes et légendes imprégnés de judaïsme et d'influences orientales. Il semble se repaître de ce monde ancien où tout était signe, où les symboles, aux racines sémitiques, étaient liés au Zodiaque, comme celui des douze apôtres, de la charrue, du char ou du poisson. Me revient alors ce que me disait Jean-Michel dans sa chambre autrefois. Jean-Michel, je te connais bien, et, un jour ou l'autre, j'en suis certaine, je te retrouverai dans ton studio encombré de livres, pour remonter le temps.

Demain, je vais rencontrer le père Retz. J'espère qu'il lèvera un pan du voile sur l'énigme Dantec.

Sous un porche, un prêtre au regard délavé m'attend. À son visage pâle et strié de rides, je devine qu'il est le père Retz. Lorsqu'il me dit : « Je suis heureux de vous rencontrer. Vous savez, la mort de Paul Dantec m'a causé un chagrin infini », j'éprouve immédiatement une grande tendresse pour cet homme qui fut l'ami fidèle d'oncle Paul. Le dos courbé, il m'ouvre la porte de son bureau. Je lui fais part de mon projet ; il se morfond, coupable à ses yeux de ne pas avoir assez défendu Dantec, se désole que personne dans son entourage ne l'ait soutenu, se plaint de la jalousie de ses pairs et n'en revient pas de la haine qu'il suscitait. D'une voix caverneuse, il se souvient de cet ami tourbillonnant qui n'avait jamais une seconde à lui, des messes qu'il disait à sept heures du matin, été comme hiver, avec la même ferveur. Il le revoit, en fin de matinée, travailler dans sa chambre, auréolé de la vapeur bleutée de ses cigarettes blondes, les rideaux tirés, la lampe allumée ou, en fin de journée, enfilant sa soutane à la hâte avant de se rendre à la chapelle. Il se rappelle que Paul fixait souvent plusieurs rendez-vous à la même heure, virevoltant d'un parloir à l'autre, et qu'il lui arrivait d'oublier qu'il avait une conférence à donner, un mariage à célébrer, le laissant avec ses visiteurs sur les bras. Il rit en évoquant son sourire édenté, son débit si rapide, ses phrases qu'il ponctuait de « n'est-ce pas ? » Me confie qu'il avait fallu mettre un blount à sa porte cent fois secouée pour qu'elle ne claque plus chaque fois qu'il se précipitait pour répondre au téléphone au bout du couloir. « Il recevait sans arrêt des appels. Ses conversations étaient publiques, il n'avait pas l'ombre d'un quant-à-soi. J'entends encore sa voix aiguë quand il interrompait son interlocuteur, pressé de se remettre à son ouvrage. L'après-midi, poursuit-il, il donnait des cours, n'arrêtait pas. Il avait pourtant une formidable capacité à se mettre en prière. Sa grande passion fut la découverte des Pères de l'Église dont la fraîcheur et la force l'enthousiasmaient. » Le père Retz se tait un instant. Son regard se voile, il parle bas, comme à confesse : « Si vous pouviez discuter avec Loulou Mariani, ce serait bien. Elle ne vous dira pas forcément la vérité. L'idéal serait qu'elle fasse une déposition. Dantec n'était plus là pour se défendre. La calomnie était facile. On lui a enfoncé la tête sous l'eau. »

Le vieux prêtre semble si accablé que je ne veux pas insister et risquer de le fatiguer. Avant de le quitter, je lui demande si les jésuites possèdent des archives de Paul. Il soupire : « Pas à ma connaissance, mais on ne sait jamais. » Sur le chemin du retour, je me sens chargée d'une mission : retrouver Loulou. Comment faire ? Je n'ai pas la moindre piste.

Cette visite m'a apaisée : le père Retz se dit prêt à m'apporter son expertise, en particulier sur les points délicats de théologie. À la Fnac, je commande la plupart des livres d'oncle Paul disponibles. À travers eux, j'espère pouvoir déceler ce qui l'animait et surtout, comme dit Jean-Michel, la blessure originelle, celle qui l'a poussé à devenir ce qu'il était.

Pétillant, spontané, hyperactif, son caractère ne le porte pas à la tiédeur. Aux bigotes, il préfère la compagnie des filles de petite vertu, celles sur qui ceux qui n'ont jamais péché jettent la première pierre. Cette après-midi de mai, pourquoi se rend-il chez Loulou alors qu'il est épuisé par un pèlerinage ? Comblé d'honneur, contesté par une frange d'intellectuels, il sait pourtant qu'il pourrait y perdre sa réputation, qu'on lui reprochera ses mauvaises fréquentations. Qu'importe, il y a urgence, Loulou est aux abois. Malgré ses soixante-neuf ans et sa position, il comprend ses angoisses, ses tourments de jeune mère et d'épouse déçue. Il lui apporte ce qui lui manque : une oreille attentive, de la considération, aussi à l'aise et délicat avec elle qu'avec moi. *Et vous aurez vécu si vous avez aimé*, disait Musset. Un homme qui a toujours désiré aider les êtres à s'ouvrir à l'amour de Dieu ne peut être ce dépravé des caricatures.

Cet été, à Beg-Meil, entre le marché, la plage et les barbecues, j'espère avoir le temps de travailler, de ne plus penser à Jean-Michel. Dès que j'arrive, Laura me tend le combiné téléphonique : « C'est mamie, pour toi. » Ma mère veut savoir si nous viendrons cet été dans la maison qu'elle loue près de Fontainebleau. Lorsque je lui dis que nous serons à Beg-Meil, elle s'agace et m'accuse de privilégier ma belle-famille à ses dépens. J'ai beau lui expliquer que je n'ai pas le choix, que je la verrai fin août, elle n'en démord pas. Lassée de ses reproches, je lui propose d'aller la voir afin qu'elle me confie ses souvenirs des Dantec et les lettres de Paul :

– Le temps a passé, je crois que c'est le moment d'écrire un livre sur lui, pour qu'on le redécouvre tel qu'il était vraiment.

– Écoute, Juliette, l'affaire reste dans les mémoires, cela risque de relancer la polémique. De toute façon, il te faudra l'accord de la famille. Je vais en parler à tes oncles et tantes, mais je doute qu'ils approuvent.

Dans sa voix se devine je ne sais quelle peur, la peur de la vérité, la peur de découvrir un secret qui la mine et la terrifie. Que craint-elle ? Que sait-elle ? Paul avait-il des vices cachés ?

17

Je viens d'accompagner Alexandre au collège de Juilly où il sera pensionnaire. Au moment où les grilles se sont refermées, une larme roulait sur la joue toute chiffonnée de mon petit bonhomme. Ce soir, je suggèrerai à Louis d'aller le chercher vendredi prochain, afin qu'ils puissent se parler de père à fils après cette première semaine loin de la maison. En attendant, je file à mon rendez-vous avec Yann au Café de la Mairie.

En terrasse, il porte des lunettes de soleil, alors qu'il fait gris. Malgré quelques mondanités à Bréhat ou à Perros-Guirec, il a l'air de s'être ennuyé ferme en Bretagne. Après m'avoir félicitée pour mon hâle, il se lance dans une diatribe contre les éditeurs qui se fichent du style et ne corrigent plus les textes. D'un geste las, il finit par m'avouer qu'il a écrit un roman sur son aventure clandestine à l'hôtel de Fervaques. Il l'a intitulé : *L'Amour sauvage*. Lorsque je lui demande s'il va le publier chez Deschamps, il se crispe. « Je suis furieux : Béranger l'a refusé. Un pourri comme les autres ! », s'écrie-t-il avant de me fixer, l'haleine fétide : « Juliette, j'ai pensé à toi tout l'été. Je veux te voir nue, tu m'inspires ! Je ne te toucherai pas, tu as ma parole.» Impassible, je m'apprête à lever le camp lorsqu'il éclate de rire:

– Tu es une petite fille qui a peur de son mari. Cela dit, tu as raison de l'être. Figure-toi que j'ai déjeuné la semaine dernière avec Béranger et qu'il a voulu savoir si tu étais ma maîtresse. Évidemment, j'ai nié farouchement.

– J'espère bien. Et tu sais d'où lui est venue cette idée bizarre?

Yann a le regard vitreux. Curieuse impression qu'il s'est servi de moi afin de se faire mousser. Pour que Béranger se permette de telles insinuations, il a dû se vanter de m'avoir séduite. Tassé sur sa chaise, il tente de se défendre:

– Béranger n'a pas voulu me croire, s'imaginant que nous nous retrouvions à l'hôtel de Fervaques. J'ai insisté, lui ai dit que nous étions amis. Il a fini par m'apprendre qu'on raconte que tu fréquentes des bars à partouzes.

– Quoi! Qu'est-ce que c'est que cette histoire? Qui a pu lancer cette rumeur infâme?

Tel un petit garçon pris la main dans le sac, Yann jure qu'il a eu beau cuisiner Béranger, ce dernier n'a pas voulu révéler le nom de sa source. D'après lui, ces ragots n'ont aucune importance: à Paris, tout le monde dit du mal de tout le monde et tout le monde s'en fiche. Je me lève, repousse avec force ma chaise et lui balance:

– Ne parle plus jamais de moi à Béranger. Ni à qui que ce soit d'autre! Et il peut oublier mon manuscrit.

– De toute façon, je ne crois pas qu'il avait l'intention de s'y intéresser, grommelle-t-il en posant un billet sur le coin de la table.

Place Saint-Sulpice, la fumée de ma cigarette me pique les yeux. Faut-il que quelqu'un m'en veuille au point de vouloir de me griller auprès de Deschamps ? Ah, oncle Paul, décidément, on nous en veut ! Qu'aurais-tu fait à ma place, toi qui n'as pu te défendre contre ce genre d'humiliations ? S'en remettre aux anges.

La seule à qui je peux me confier est Camille. On continue à s'appeler, à se voir de temps en temps. Sa boîte de communication marche bien, son couple moins. Elle déménage, se réjouit de retrouver son indépendance, m'encourage à poursuivre mon livre : « Je ne lis pas de romans, j'aime apprendre, j'adore les biographies, tu seras très bonne. » Lorsque je lui parle de la rumeur, elle est directe : « Tout vient de Yann. Ne cherche pas plus loin. Il a la réputation d'être une langue de pute. Arrête de le voir : un raté qui ne t'apportera rien. Et cesse d'aduler les hommes ! » Ah ! Camille. Avec elle, pas de tergiversations, on avance, haut les cœurs.

Sur mon bureau, un paquet d'une soixantaine de feuilles. À quoi bon les relire ? À part le début, le reste me paraît scolaire : des esquisses des grands moments de la vie de Paul, des notes sur ses ouvrages. Sans contrat, j'hésite à prendre contact avec les derniers témoins de sa vie, au risque de passer pour une amatrice. Deschamps et Béranger, c'est foutu… Quel gâchis ! Après m'avoir encouragée à me lancer dans l'aventure, m'avoir fait miroiter un succès, Yann a tout sabordé.

Au moment où je réchauffe une soupe de légumes, la sonnerie du téléphone retentit. Entre trois cocktails et des rendez-vous pour je ne sais quel lancement de produit de luxe, Camille a trouvé dix minutes pour prendre de mes nouvelles. Lorsque je lui dis que j'aurais besoin d'un éditeur, elle me conseille de joindre de sa part son ami Hector Boursier. Il lui doit un service : elle a réussi à décrocher un article dans les pages tourisme de *Paris Match* pour un de ses livres sur les plus belles abbayes. Il serait assez catho et chercherait des auteurs. Je m'affole : il va vouloir un manuscrit, une ébauche solide et je n'ai que des débuts de moitié de commencement. Camille s'en fiche. D'après elle, le sujet est assez fort pour qu'il se décide à partir d'un synopsis.

À quinze heures, après un verre de vodka cul sec, je compose le numéro d'Hector Boursier. Avec sa voix d'outre-tombe, l'homme n'est pas très bavard, mais dès que je me recommande de ma cousine il se détend : « Ah ! Camille ! Une femme exquise ! Que puis-je pour vous ? » Je lui explique en deux mots mon projet. « Intéressant. Ma femme a bien connu le père Dantec. J'ai lu plusieurs de ses livres, écouté ses émissions. Il lui en a fallu du courage pour débattre avec des communistes et se faire traiter de conservateur alors qu'il défendait l'Église face à ceux qui en contestent les fondements. », dit-il avant de me proposer un rendez-vous, 20, rue de Seine, jeudi à dix heures, et de raccrocher d'un lancinant « Au revoir, chère madame. » Un deuxième verre et je m'y remets. J'ai trois jours pour rédiger une présentation détaillée. Pourvu que Boursier ne me pose pas trop de questions, qu'il ne me fasse pas lanterner jusqu'à ce que le texte soit fini. Pourvu qu'il ne connaisse pas Béranger.

Tandis que les enfants s'attaquent à leur dîner, je pianote sur mon clavier. Louis entre et jette sa veste sur le dossier du canapé « Toujours devant ton ordinateur ? », dit-il avec un zeste de reproche. Lorsque je l'informe de mon rendez-vous, il me félicite et me conseille de ne pas trop en dire à Boursier, de le laisser venir. Pas un instant à perdre : au boulot !

Au fond d'une cour pavée, la petite maison à colombages de deux étages, couverte de lierre, semble appartenir au Paris hors du temps, au Paris secret, celui des boutiquiers et des vendeurs ambulants. Trois marches donnent sur une entrée envahie de cartons. Derrière la porte entrouverte d'un bureau, un gros moustachu à l'épaisse chevelure platine, perché sur un escabeau, s'empare d'un classeur et descend lentement les échelons en soufflant. Le front bas, les sourcils broussailleux, Hector Boursier me dévisage de ses yeux jaune panthère sous des paupières tombantes : « Chère madame, je suis ravi de vous rencontrer. Camille est une formidable entremetteuse, je lui fais confiance. Et puisque le père Dantec était votre grand-oncle, je crois que nous partons du bon pied ! » La tête légèrement penchée, il veut savoir si j'ai déjà été éditée. J'avoue que j'écris depuis longtemps, mais que je n'ai pas encore eu cette chance. Afin de le flatter, je l'interroge sur ses prochaines publications. Il s'ouvre comme une huître. « Nous sommes des artisans, nous publions peu mais bien », dit-il en pointant le doigt vers un beau livre posé en facing sur une étagère : *Le Guide des abbayes en France*. « J'y crois beaucoup, ajoute-t-il en me tendant l'ouvrage. Pour ce titre, votre cousine m'a donné un coup de pouce. Elle est redoutablement efficace. » Après avoir admiré l'abbaye de Fontenay qui figure sur la couverture, je confie à Boursier mon document. Il cale ses lunettes sur son nez cornichon couronné d'un bouton, le parcourt, caresse sa moustache. Persuadée qu'il a accepté de me recevoir par amitié pour ma cousine, je me suis préparée à ce qu'il décline poliment la proposition. Après quelques minutes, qui me semblent une éternité, Boursier enlève ses binocles et, à la manière d'un confesseur, opine du bonnet : « Le père Dantec raconté par sa petite-nièce, un angle pertinent pour une bonne biographie, avec le juste dosage de personnel et d'affect. Comment comptez-vous parler de sa mort ? » Je n'en reviens pas, lui dis que j'ai l'intention de mettre l'accent sur la vie et l'œuvre de mon grand-oncle, sans insister sur sa fin.

– Vous savez, mon but n'est pas de raviver les haines cristallisées autour de sa mort.

– Aucun danger. Une vieille histoire. Il suffira d'une bonne critique dans *Le Figaro* et les journalistes suivront, comme des moutons, c'est ainsi que ça fonctionne.

Bras croisés sur son ventre bedonnant, Boursier déclare : « Bon, parlons affaires à présent. Je peux vous proposer un contrat de quarante mille francs. Moitié à signature, solde à parution. Cela vous convient-il ? » La somme me semble si élevée que j'ai du mal à y croire. Cachant ma joie, je me contente d'un sobre : « Ça me va. » Hector allume une Gitanes Maïs. À la première bouffée, il me demande si j'ai obtenu l'accord de ma famille. Je me retiens de lui faire part des réserves de ma mère, l'assure que mes oncles et tantes se montreront bienveillants, ravis qu'un des leurs se charge de dévoiler le vrai visage du père Dantec. « Parfait, conclut Hector. Passez chercher le contrat la semaine prochaine. Disons vendredi à dix heures. » Après une poignée de main poisseuse, il me raccompagne vers la sortie. À cet instant, une femme sans âge, maigre et blafarde, cheveux en baguettes chinoises, apparaît derrière une pile de cartons. « Maryse, je vous présente un futur auteur », dit l'éditeur. Le regard fuyant, la femme incline la tête puis s'évanouit telle une musaraigne vers le bureau d'Hector.

Sur le trottoir, je saute de joie avant d'acheter une galette des rois. En chemin, j'entre dans l'église Saint-Sulpice. Devant la toile de Delacroix, j'ai l'impression qu'oncle Paul est là, près de moi, je crois l'entendre chantonner de sa voix légèrement apprêtée : « Qu'est-ce que tu attends ? Je m'impatiente là-haut. »

J'ai sa bénédiction.

À peine rentrée, j'appelle ma mère et lui annonce fièrement que mon livre sera publié chez Boursier. Elle me sèche : « Juliette, je t'avais mise en garde. Ne signe rien et dis à cet éditeur que tu n'en as pas le droit : toute la famille s'oppose à ce projet et trouve que tu n'as ni les épaules ni la légitimité pour le conduire. Ta tante Claudine s'est même montrée très agressive. Après notre conversation, j'étais toute retournée. Quant à Lucie, c'est la plus remontée : elle m'a ri au nez à l'idée que tu préparais une saga commerciale dégradante pour notre image. Elle tient à ce que notre vie privée soit préservée et m'a dit que, si tu persévérais, elle irait jusqu'au procès pour diffamation. Méfie-toi, ce n'était pas des paroles en l'air, tu la connais. » Mes mains se cramponnent au dossier du canapé : « Un procès ? J'espère que tu feras tout pour les en dissuader. » Ma mère se contente de répondre qu'en aucun cas elle ne veut se brouiller avec ses proches.

Mille questions se bousculent dans mon crâne. L'enjeu en vaut-il la peine ? Si mes oncles et tantes se liguent pour m'attaquer, je ne pourrai pas me défendre. Tante Lucie, cette vieille bique de l'édition, m'effraie. Je ne sais plus dans quelle maison elle a été attachée de presse mais je me souviens qu'elle terrorisait son monde. L'envie de tout abandonner me submerge. Si la presse fait à nouveau ses choux gras de l'affaire, je serai coupable d'avoir déterré la hache de guerre, j'aurai donné aux miens le fouet pour me battre. Ne pas me précipiter. L'expérience du théâtre m'aura au moins servi à cela. Toujours est-il qu'un contrat pareil ne se reproduira pas. Une chance inespérée. Sans compter que quarante mille francs, c'est tentant. « Fiche-toi du qu'en-dira-t-on. Un écrivain se doit d'être impudique », disait Yann. Pas faux ! J'irai jusqu'au bout et, le jour où le livre sortira, je ne convierai pas la famille à la fête.

L'orage est passé, le ciel se découvre. Je prépare une salade d'endives aux noix pour le dîner tandis qu'Alexandre dessine. Le pas de Louis résonne dans le couloir. Alors que je m'empresse de lui raconter ce que m'a dit ma mère, il va se servir un double Talisker : « Accorde-moi un instant de répit, s'il te plaît, je viens juste d'arriver. » Un peu plus tard, il finit par m'écouter, se tend : « Je te déconseille vivement de braver ta tribu et de mettre cette épée de Damoclès au-dessus de nos têtes. S'ils vont jusqu'à l'action en justice, il n'est pas question que je paie quoi que ce soit. » À table, il s'adoucit enfin : « Avant de prendre une décision, il serait bon de montrer ton contrat à un avocat. » J'hésite un peu : rien n'est encore signé et tout est déjà si compliqué...

18

La lune couvre les toits d'une poussière d'or. Le soir de la signature, Louis et moi avons dîné à la Closerie des Lilas pour fêter ça. Toute la journée, je m'oblige à lire des livres et des articles de Paul. Je n'aurais jamais imaginé me passionner autant pour sa thèse sur les Pères de l'Église. Beauté des métaphores, images poétiques : les Pères croyaient que l'âme tendait à la perfection, inlassablement. Une révélation à l'origine de la mission de Paul. Pas étonnant que, en soldat de l'Église, il ait lutté pour restaurer le primat du spirituel et répondre aux questions de l'homme face au mystère. Après sa longue formation, il s'active sans relâche, comme s'il lui fallait rattraper les années recluses au séminaire. C'est fou ce qu'il écrivait, sans compter les revues qu'il a fondées. L'une d'elle est née lors d'un débat sur le péché avec Georges Bataille et d'autres intellectuels. Dantec y défend l'idée que le mystique est souvent un pécheur tiraillé par des drames intérieurs, un homme persécuté qui va jusqu'à perdre sa réputation. Troublant pressentiment.

Ses mots m'aident à surmonter la blessure qu'ont provoquée les ragots. Demain, j'ai rendez-vous avec Éric Frèche, un journaliste spécialiste des questions religieuses, le seul qui ait rencontré Loulou. J'ai pu le retrouver en contactant la rédaction d'un journal pour lequel il pige.

Un jean, un tee-shirt, et me voilà en route. À la terrasse d'un café à l'angle de la rue des Archives, je devine que l'homme au visage rond, petites lunettes et cheveux en épis est Éric Frèche. Le journaliste va droit au but: juste après la mort de Paul, il a rendu visite à Loulou. Elle serait plutôt jolie, blonde, diaphane et pudique, lui aurait confié qu'elle travaillait au bar La Douaisienne, où elle faisait boire des hommes. Quelle coïncidence! Nous qui avons habité rue de Douai! Encore un signe qui ne trompe pas. D'après Éric, Loulou se disait très préoccupée par sa fille qu'elle avait mise en pension. Elle lui a avoué que son mari en avait pris pour sept ans et lui a parlé de la mort de Dantec. Ce jour-là, après avoir grimpé en vitesse les quatre étages de son immeuble, il se serait effondré sur le palier. «Loulou est une femme bienveillante qui méritait mieux que l'odieuse polémique qu'a déclenchée la mort de Paul Dantec. Il a dû vouloir l'aider. Il y avait, je crois, une véritable amitié entre eux», m'explique Éric Frèche. Je lui demande où Paul l'a rencontrée. Il reste évasif: «Il semble que ce soit dans un café, à Saint-Germain-des-Prés. Il discutait avec des jeunes.» J'insiste afin de savoir si l'argent qu'il lui avait apporté ce jour-là était destiné à l'avocat de son mari. Éric sort un carnet de sa poche et me donne le téléphone de Maurisson, alors ministre de l'Intérieur, avant de s'excuser: «Je vous ai tout dit. Sachez que vous ne pourrez pas rencontrer Loulou; elle ne veut plus voir personne.»

Et si j'allais à La Douaisienne?

En l'espace d'une nuit, les bourgeons des cerisiers du Luxembourg ont explosé, délivrant des fleurs d'un rose tendre. Sur le court 6, Jean-Michel joue avec Louis, faisant voler la terre rouge, smash, volée, lob, en veux-tu en voilà. Jean-Michel me fait rire. Cet idiot sert à la McEnroe, dos au filet, un geste à se tordre les vertèbres que seul le génie new-yorkais pouvait réaliser sans fracture. Parmi les messieurs un peu flapis qui regardent les joueurs, une grande brune au nez de Cléopâtre se cache derrière des lunettes noires. À sa peau un peu tirée que masque mal un cou de poulet, elle doit avoir au moins une cinquantaine d'années, me dis-je en me promettant de ne jamais avoir recours à la chirurgie esthétique. Dès que les deux amis quittent le court, elle s'avance, très chatte, vers Jean-Michel, et lui tend une bouteille d'Évian. En retrait, je le regarde boire au goulot, s'asperger, féliciter Louis pour ses smashes jusqu'à ce celui-ci me présente à « l'amie » de son partenaire.

– Juliette, ma femme. Ma chérie, tu connais Barbara Cohen, bien sûr. Elle a joué dans plusieurs films de Lelouch et tourne actuellement avec Pascal Thomas.

– Très honorée, dis-je à l'actrice, tout en pensant qu'elle n'a pas tourné qu'avec des pointures.

Devant son sourire qui frise la méfiance, Jean-Michel se croit obligé d'ajouter : « Juliette est une vieille amie depuis nos goûters rituels du dimanche. » Barbara déridée, Louis l'interroge sur son rôle, le scénario, le lieu du tournage. Pendant qu'elle lui parle de son interprétation d'une bourgeoise qui devient SDF, Jean-Michel s'assied sur le banc, enlève son tee-shirt. Je ne vois que son torse blanc et ce grain de beauté à l'épaule gauche qui m'avait tant émue autrefois. En enfilant un pull, il me fait signe de le rejoindre et jette à mi-voix, balle de fond de court : « Je t'appelle, j'ai envie de te voir. » Mes jambes flageolent, je fais volte-face pour me réfugier près de mon mari. Comme si de rien n'était, Jean-Michel lui promet une autre partie à son retour d'Afrique du Sud. Il décolle dans dix jours, sans Barbara. Ils forment donc un vrai couple, un couple indépendant, se connaissent depuis longtemps, peut-être même depuis le dîner à la maison. Je suis sûre que c'est elle qui lui a écrit le mot d'amour tombé de sa poche. Il doit être fier de voir son nom en haut de l'affiche, fier qu'elle soit invitée à la télé et qu'on lui demande des autographes. Et moi qui n'ai été qu'une piètre comédienne. La jalousie s'infiltre à nouveau dans mes veines comme un poison lent qui vous donne des sueurs froides et des envies de meurtre.

Raquette au dos, Louis accompagne Barbara et Jean-Michel jusqu'à leurs vélos. Le long de la grille où je m'étais promis d'oublier ce polygame, je me mets à courir en petites foulées, de plus en plus vite, crachant mon venin jusqu'à ce que mes muscles se détendent, que ma respiration ralentisse et qu'une douce jouissance monte entre mes reins.

Une douche froide et me voilà toute rouge. Calmons-nous. Le jour où mon livre sortira, Jean-Michel sera épaté et se détachera de cette vieille peau. Un verre de Saint-Amour et je relis mes notes d'hier soir. J'imagine Dantec entouré d'une poignée de jeunes gens à la terrasse d'un café. Il discute avec eux, comme il aimait le faire avec moi, défendant ses couleurs avec l'habileté d'un joueur d'échecs. À l'écart, près de l'entrée des cuisines, Loulou tend l'oreille. À son allure juvénile, Dantec la prend pour une étudiante et lui propose de se joindre à la joyeuse bande.

Elle préfère rester à sa place, écouter de loin les conversations. Les étudiants partis, il s'en retourne vers elle et lui demande ce qu'elle a pensé de ces contestataires. Elle se borne à sourire, un sourire doux et timide. Il lui offre un café, lui dit qu'il est prêtre. Elle avoue qu'elle ne va plus à la messe depuis longtemps. Il la rassure : les églises sont un refuge où l'on se sent en paix. Elle est un peu gênée, n'a pas l'habitude de venir à Saint-Germain-des-Prés ni de rencontrer des prêtres. « Nous avons eu un débat passionnant, dit Paul. Je suis frappé par la maturité et la solidité des jeunes d'aujourd'hui. Ils sont plus réalistes que je ne l'étais à leur âge. Vous aussi, je suis sûr que vous savez ce que vous voulez. Puis-je savoir ce que vous faites ? » Loulou répond qu'elle travaille dans un bar. Paul lui dit que ce doit être fatigant. Elle approuve, lui parle de sa petite fille. Paul s'intéresse avec tant de gentillesse à l'enfant qu'elle se confie. Il ne lui pose plus de questions, de crainte de la blesser. Leur amitié est-elle née ainsi ? Pourquoi lui a-t-il rendu visite chez elle pour lui apporter de l'argent ? Quelque chose ne colle pas dans cette histoire. Des pièces du puzzle manquent encore. Mais je suis confiante, je les trouverai.

Près de moi, le numéro de téléphone de Maurisson. Je l'appelle non sans appréhension. Après m'avoir écoutée, l'ancien ministre déclare, solennel : « Madame, je vous invite à préférer le silence. Beaucoup de personnes savaient, et j'ai pensé qu'il valait mieux que les preuves disparaissent. Faire la lumière sur la mort de Paul Dantec ne sert pas son honneur. Les hommes sont toujours contradictoires. Si vous saviez la vérité, votre plume en serait gâchée, votre cœur peiné. Écrivez que le doute persiste :

saint Pierre lui aussi a péché. La vie du père Dantec était un combat. Ne ternissez pas son image. Et souvenez-vous que je ne vous ai rien dit. »

Des frissons me parcourent l'échine. Je pose l'écouteur, abasourdie. Qu'a-t-il voulu dire par « votre plume en serait gâchée » ? Pourquoi a-t-il fait disparaître le dossier de Paul ? Quel délit aurait-il commis ? Était-il un maquereau ? Un trafiquant ? Ou plus simplement un homme qui aimait prendre du plaisir ?

Sous le coup de ces révélations, je décide d'aller le soir-même à La Douaisienne sur les traces de Loulou. Même si elle n'y travaille plus depuis longtemps, peut-être se souvient-on d'elle ? Vais-je revoir Zoubida, la belle âme qui avait secouru Alexandre ? Quand je pense que j'ai vécu à l'angle de la rue de Douai et que je ne suis jamais entrée dans ce bar.

Dix-huit heures : l'heure où les filles se pavanent sur leurs échasses, l'heure où les hommes sortent du bureau pour aller boire aux fontaines, l'heure bleue, l'heure de tous les possibles. De Notre-Dame-des-Champs à Pigalle, la ligne est directe.

Derrière les fenêtres de notre ancien appartement ravalé, de la lumière blanche. Décoré de gris et de noir laqué, Le Sans Souci a changé de propriétaire. Point de filles adossées aux tables ou aux lampadaires du coin. La Douaisienne est devenue un coiffeur pour hommes. Subsiste encore un bar, le Pompadour, autour duquel rôdent des motards. Avec sa façade écaillée, on dirait un petit théâtre, ou plutôt un cabaret d'antan où l'on s'attend à un spectacle de danseuses à plumes d'autruche et paillettes. À travers des voilages jaunâtres, des jambes dénudées pendent de tabourets art déco. Je pousse la porte. Devant le zinc, une femme d'une soixantaine d'années pose son tricot et me dévisage un instant, comme si elle me prenait pour une candidate. Grassouillette, la poitrine plantureuse sanglée dans un corset à lacets, avec ses sourcils peints et ses mèches mauves, elle a l'air de sortir d'un film de Fellini. Je lui lance un bonsoir, elle me sourit et lorsqu'elle s'exclame, roulant les r : « Bienvenue au Pompadour ! Je suis Eva, la patronne », je retrouve l'accent bretonnant de Maïté, la même bonhomie, la même facétie. Elle me présente une rousse aux yeux de chat qui s'enduit les ongles de rose bonbon. Le front caché par une lourde franche, une Asiatique se prélasse sur une banquette. « Tu veux boire un coup ? », propose Eva. Tandis que je déguste un blanc fruité, elle reprend son ouvrage, faisant cliqueter de grosses aiguilles, et me lance : « Dis donc, comme ça, tu veux tenter ta chance chez nous ? » Je lui confie que je recherche Loulou Mariani qui a travaillé à La Douaisienne dans les années soixante-dix. Elle tire sur sa pelote d'une moue dubitative : « J'en ai connu des filles, mais ce nom ne me dit rien. Tu sais, ça tourne beaucoup, désolée. » Lorsque je lui raconte la triste fin de Dantec, Eva s'assombrit : « Ce genre d'incident nous arrive de temps en temps, même avec des curés. Les clients ne révèlent pas leur identité, mais on les reconnaît, ceux-là. Que veux-tu, impossible de rester chaste toute une vie. Chez nous, c'est un peu le confessionnal. Les hommes viennent ici pour parler, pour oublier leur femme et leurs soucis. Certains se sentent tellement seuls qu'ils se contentent d'offrir une coupe de champagne aux filles. » À l'entrée du bar, elle me prend le bras : « Allez, ma puce, reviens un de ces quatre. » Lorsque je veux savoir combien je lui dois pour le verre, elle me claque quatre bises : « Rien du tout, ma belle. »

Déçue, je me dis que Loulou a choisi de se faire oublier, qu'il vaudrait mieux m'en tenir à la belle complicité qui la liait à oncle Paul. Mais les mots de Maurisson me hantent et, même si je crains le pire, je veux connaître la vérité.

Après une nuit agitée, la sonnerie du téléphone me tire du lit. La voix nasillarde de Lucie siffle dans mes oreilles :

– Ta mère m'a dit que tu avais signé un contrat. Si ton but est qu'on parle de toi, n'utilise pas la vie de Paul. Personne ne t'a rien demandé. Tu vas nous pondre un de ces brûlots de paparazzi minable, la risée du Tout-Paris ! Tu n'as pas le niveau. D'ailleurs, on m'a dit que tu avais un nègre.

– Un nègre, moi ? Je détesterais. En plus, je n'aurais pas les moyens de m'en payer un !

Lucie se fait plus sournoise et me laisse entendre qu'elle sait de qui il s'agit. Je la tacle d'un :

– Excellent ! Tu as l'air de savoir mieux que moi comment je travaille ! Allez, vas-y, dis-moi qui c'est !

– Je t'avertis : j'ai l'intention de faire interdire ton livre. Et je m'arrangerai pour que tout le monde soit au courant. Alors réfléchis bien.

Au moment où je raccroche, mon bol de café m'échappe des mains. Les larmes aux yeux, j'éponge le carrelage en pestant : « Vieille folle ! Tu ne m'empêcheras pas d'aller jusqu'au bout. » La peur que Lucie menace Boursier me ficelle. En ramassant les morceaux de terre cuite, j'échafaude des stratégies. Je pourrais trouver un gros bras qui débarquerait chez Lucie pour lui casser la gueule ou la balancer au fisc. Tiens, j'y pense ! Camille pourrait me renseigner : le monde des attachées de presse est petit.

Au beau milieu d'une réunion avec un gros client, elle n'a que deux minutes à m'accorder : « Lucie a roulé sa bosse chez Deschamps, tu ne le savais pas ? Une dure à cuire qui faisait marcher les journalistes à la baguette. » En un éclair, j'ai compris : elle est restée proche de Béranger. Si ça se trouve, c'est elle la taupe qui a fait croire que j'étais une partouzeuse pour mieux m'intimider et tuer mon livre dans l'œuf. Elle a pris sa retraite mais il faut que je sache si elle s'est déjà occupée de la presse de Yann. De là à ce qu'il complote avec elle, il n'y a qu'un pas. Toujours est-il qu'il n'a rien fait pour prendre ma défense.

Si je veux finir ce livre, je n'ai d'autre choix que de rester discrète ou de mentir à ma mère. Me croira-t-elle ? Maligne comme elle est, elle se doutera de quelque chose et je me sentirai fautive. En huit jours, j'ai réussi à tenir ma langue et, lorsque maman m'a demandé ce que j'avais décidé, je n'ai pas eu besoin de lui cacher grand-chose puisque nous étions à Beg-Meil pour les vacances de Pâques.

Les nuages immobiles me font penser à ceux du plafond de la chapelle Sixtine. Le temps de déjeuner d'un filet de bar et d'épinards, de foncer au Monoprix, de faire réciter à Aurélien *Le Loup et l'Agneau* et je me blottis dans le fauteuil à oreillettes pour déplier la page d'un vieil exemplaire de *La Croix*, que m'a donné le père Retz.

Paru il y a dix ans, un article y revient sur la mort de Paul et prend sa défense. Jusqu'au bout, écrit le journaliste, il est allé vers les plus pauvres, les plus démunis, suivant les traces de saint Ignace. Un encadré qui relate les faits attire mon attention : « Originaire du village de Cozzano, en Corse, le mari de Loulou, Jules Mariani, après avoir fait de la prison pour proxénétisme, possède un restaurant à Marseille et une villa à Toulon. » Cozzano ! On doit le connaître là-bas, ce Jules Mariani. Si j'appelais les renseignements ? Je compose le 13. Un instant plus tard, le numéro de téléphone de Jules Mariani est inscrit au feutre rouge devant moi. Je fais voler mon traversin : ça y est, je vais retrouver Loulou ! Enfin une piste ! Sans attendre, j'appelle le Corse. Un homme à la voix rauque décroche. J'y vais sans hésiter : « Vous êtes bien Jules Mariani, restaurateur à Marseille ? » Pour toute réponse, un éclat de rire : « Ha ha, ma petite dame, des Jules Mariani, il y en a quinze, rien que dans le village ! » Ne me reste plus qu'à lui donner mes coordonnées, comme on jette une bouteille à la mer.

19

Ce matin, je me suis réveillée en nage. Quelques secondes plus tôt, enfermée dans un cercueil en bois blanc, je cognais contre le couvercle à toute force, criant que j'étais vivante, bien vivante. J'allais crever dans ma tombe.

Ces derniers jours, je ne vois que des bigotes et dames d'associations en tous genres qui vénèrent Dantec. Il dînait chez elles avec leur famille, en toute simplicité, s'intéressait à chacun. Elles ont gardé de lui un souvenir « inoubliable ». L'une d'elles, Mme Bonteint, quatre-vingt-seize ans, a fait partie des dévouées qui l'aidaient à organiser des conférences entre personnalités de toutes religions. Elle se pâme : « Dieu est esprit, vie et amour. Nous sommes ses enfants, des parcelles de lui. » Je ne peux m'empêcher de lui demander pourquoi ce Dieu si bon nous inflige tant de souffrances. Elle répond, sereine : « La violence domine le monde mais nous sommes libres de choisir notre camp. Ouvrez-vous suffisamment votre cœur ? Il suffit de regarder autour de vous pour savoir qu'Il est à l'œuvre. » Lassée par tant d'angélisme, j'enfonce le clou et l'interroge sur la résurrection. La vieille dame sourit : « Chut ! Il n'y aurait pas assez de place pour les milliards de disparus. Je crois en la continuation de l'être dans le temps qui n'a pas de fin. Mais je n'ai aucune certitude. À part le Très-Haut, qui peut se targuer d'en avoir ? » Lorsque je lui parle de la mort de Dantec, elle chuchote : « Les apparences sont contre lui. »

Malgré les menaces, je suis sur une bonne lancée, mon travail progresse. Au fur et à mesure de mes lectures, je m'aperçois que les livres de Paul ont tous pour but de démontrer que le danger est dans cette crise entre foi et intelligence qui gangrène l'Occident – des prises de position qui ont suscité l'hostilité d'une partie de ses pairs. De mon côté, je serais plutôt portée à croire par esthétisme. Lorsque j'entends la *Missa pange luinga*, de Josquin des Prés, que je contemple *L'Assomption de la Vierge* dans l'église des Frari de Venise, je me dis que l'art est la voix du divin.

Le père Retz m'a aidée à peaufiner mon passage sur le Concile. Dans la cité du Vatican, théologiens et archevêques sont rassemblés sous la nef de Saint-Pierre. On tempête, on s'agite, on s'espionne, on complote. Aux côtés de Karol Wojtyla, futur Jean-Paul II, Dantec se démène pour affirmer la transcendance de Dieu dans le monde, malgré l'opposition des avant-gardistes et l'étiquette d'intégriste qui, dès lors, lui colle à la peau.

Alors que je m'apprête à sortir pour un jogging matinal, le téléphone sonne. Une voix tonitruante : « Jules Mariani. Vous me cherchez, paraît-il ? » Tout excitée, j'attrape un crayon, bafouille :

– Ah ! C'est vous… C'est bien vous qui avez un restaurant à Marseille ?

– Absolument. Vous vouliez me joindre ?

Ça tourne vite dans ma tête : si je dis à Mariani pourquoi je l'appelle, il se méfiera et ne me donnera jamais ce dont j'ai besoin : un moyen de contacter Loulou. En deux secondes, je m'invente un prénom et une nouvelle identité. Après tout, cet homme est un ancien proxénète, il a dû chapeauter tellement de filles dans les bars de Pigalle qu'il doit les confondre. J'y vais sans ciller et me surprends moi-même de mon bagout : « Je suis Didi. Tu te souviens de moi ? Je travaillais rue de Douai. Alors, ça marche pour toi depuis tout ce temps ? » Il mord à l'hameçon, trop préoccupé par lui-même pour chercher à en savoir plus sur Didi, et se félicite de voir ses affaires fleurir à Marseille. Il envisage même d'ouvrir un autre bistrot, du côté de la Canebière. J'en profite pour lui demander des nouvelles de Loulou : « Ça fait un bail qu'on ne s'est pas vues. Qu'est-ce qu'elle devient ? » De sa gouaille aux accents du Midi, Jules s'adresse alors à moi comme à ses protégées :

– Loulou va bien, ma cocotte. On s'est séparés, elle vit à Paris.

– À Paris ! Tu peux me donner son téléphone ?

Jules n'hésite pas. Et hop ! C'est noté. Salut et bonne chance. J'appellerai Loulou ce soir.

À quatorze heures, je me rends à la maison des pères rencontrer le père Philippe qui vit toujours dans cette bâtisse où Paul a passé tant d'années, là où son corps reposait avant qu'il soit enterré. À l'entrée, un secrétaire qui croupit sous des monticules de paperasses m'indique son bureau. Dans l'obscurité, une lampe éclaire des yeux ronds et un crâne verdâtre. Petit trapu, le père Philippe me fait asseoir face à lui et me jauge derrière ses binocles : « Chère madame, que comptez-vous écrire sur le père Dantec ? » Afin de lui faire comprendre que je sais où je vais, je lui dis que je parlerai de son enfance, de sa formation, de ses engagements, sans m'attarder sur sa mort. Un stylo entre les doigts, le père Philippe acquiesce : « Vous faites bien : une triste affaire dont j'ai dû me charger. Il m'a fallu recevoir les nombreux journalistes qui m'assaillaient, en veillant à préserver l'Église. Je suis heureux que vous montriez Dantec dans ses rapports avec son milieu familial, que vous mettiez l'accent sur la complexité de sa personnalité. Il y avait chez lui une grande jeunesse, beaucoup de naïveté. Il s'est senti très isolé parmi nous, et il est vrai qu'il nourrissait des amitiés féminines. Du reste, il se sentait bien avec toutes, indépendamment de leur milieu. Les liens très forts avec sa mère et sa sœur cadette expliquent sûrement ces affinités… » Plus je l'écoute, moins je vois où il veut en venir. Comme il semble méfiant, je l'assure qu'il peut compter sur ma discrétion. Le père Philippe ouvre alors un tiroir, se racle la gorge et m'avoue qu'il a eu connaissance d'un dossier jugé par la 13ème chambre correctionnelle, plusieurs années avant la mort du père Dantec. Lors d'une descente de police dans une maison de passe pour une affaire de mère maquerelle, Paul avait dû décliner son identité. J'ai tant de mal à y croire que j'insiste : « Vous pensez qu'il fréquentait des prostituées depuis longtemps ? » Le père Philippe, blême, pèse ses mots : « Évidemment. Nous le savions. Ce qui explique notre silence. Il lui arrivait de sortir la nuit et de revenir au petit matin. Il était suivi par les renseignements généraux : ils ont un dossier sur lui, mais ne comptez pas y trouver grand-chose. On vous le donnera, expurgé. En revanche, j'ai gardé son agenda, poursuit-il en tirant un carnet en cuir noir d'un tiroir. Regardez plutôt. » Sur les feuilles qu'il tourne rapidement, des prénoms de femmes gribouillés dans les marges. Soudain glacial, le père Philippe referme brutalement l'agenda. « Madame, oubliez tout ça, je ne peux vous garantir que votre grand-oncle était celui qui a été interrogé lors de la descente de police. Quant à ces noms, il est possible qu'il s'agisse de prostituées qu'il aidait, une forme de charité secrète », dit-il avant de me congédier en me serrant la main.

Sur le chemin du retour, mon esprit s'égare. M'apparaît alors la salle d'un bordel tapissée de velours, pareille à celle où j'avais animé un stage. Parmi les couples qui s'entrelacent sur de profondes banquettes, une figure en noir dont le sourire semble arrêté en vol. Si le père Philippe dit vrai, Paul s'échappait depuis longtemps de la maison des hommes pour rejoindre celle des dames, Loulou ne serait pas la première. Lors de cette descente de police, il a dû être effrayé de devoir se démasquer. Est-ce à dire qu'il cachait son identité, qu'il a été repéré, fiché, suivi ? Cette affaire aurait dû le rendre plus prudent. Pourquoi a-t-il à nouveau tenté le diable ?

Dans le salon, les garçons courent après Moustique qui aboie à tout rompre. Ils vont le rendre fou, ce pauvre chien ! Laura sort de sa chambre comme une furie : « Comment voulez-vous que je prépare mon bac avec tout ce bruit ? » Le calme revenu, je compose le numéro de Loulou. Une voix claire de jeune fille : « Oui, c'est moi. Qui est au téléphone ? » Je lui dis la vérité : je suis la petite-nièce du père Dantec, je ne suis pas là pour vous juger, je sais qu'il vous appréciait, j'écris un livre sur lui, j'aimerais simplement vous rencontrer. Loulou tranche : « Je ne veux plus entendre parler de tout ça, j'en ai affreusement souffert. » De crainte qu'elle ne raccroche, je lui dis que je la comprends, que cela a dû être terrible pour elle, lui parle de ma famille, elle aussi traumatisée, surtout ma grand-mère. Loulou s'adoucit : son amitié avec Dantec a duré deux ans, elle garde un bon souvenir de lui. Si elle me parle d'amitié, rien ne laisse entendre qu'ils entretenaient une relation s'apparentant à celle d'un client et d'une prostituée. Lorsque je reviens sur mon désir de la connaître, elle se ferme : la page est tournée. Près d'elle, on entend un chien aboyer. Je saisis la balle au vol : « Vous avez un chien ? Pas facile à Paris. Moi aussi, j'en ai un et je suis obligée de le sortir trois fois par jour. Mes enfants ne s'en occupent jamais. » Loulou semble sourire et me confie qu'elle a adopté son teckel à poil dur à la SPA. Je me permets alors d'insister : « Vraiment, ça me ferait plaisir de prendre un verre avec vous dans un café, ne serait-ce que dix minutes, je ne suis pas journaliste, vous savez. » À ma grande surprise, elle accepte de me voir jeudi prochain, à midi au Café des Pas perdus, près de la gare Montparnasse.

Les rideaux du salon tirés pour me protéger du soleil, je regarde sur Antenne 2 la retransmission du voyage du pape en Allemagne de l'Est. Jean-Paul II apparaît dans le stade où Hitler haranguait ses troupes. La foule crie de joie. L'image est belle et forte. Demain, j'espère que Loulou acceptera de se livrer sur sa relation avec oncle Paul et la raison pour laquelle il est allé chez elle le jour de sa mort. A seize heures, j'arrive enfin à joindre Hector pour l'informer de la bonne nouvelle. Il s'en réjouit, me conseille de suivre mon intuition, me prévient qu'il part la semaine prochaine en vacances et me propose de lui apporter ma dernière mouture fin août.

Ne reste plus qu'à espérer que Loulou tienne parole.

20

Il est onze heures cinquante à l'horloge de la gare Montparnasse lorsque je descends d'un pas lent les quelques marches qui mènent aux Pas perdus. Une bâche de couleur brique recouvre la terrasse du café que surplombe un immeuble moderne aux balcons de verre. Au bar, je guette Loulou. En cette matinée de juin, il n'y a qu'un vieux monsieur, un jeune couple et deux passagers, leurs valises à leurs pieds.

Quelques minutes plus tard, une petite blonde, les yeux cachés par des lunettes aux verres fumés, apparaît. Elle a maintenant quarante-six ans, mais sa taille fine et sa démarche de ballerine lui donnent l'air d'une jeune fille. Alors que je l'imaginais un peu tapée, son visage a gardé sa fraîcheur, même s'il se dégage de son menton carré une certaine dureté qui contraste avec la couleur blé de sa chevelure ras du cou. Pas une once de vulgarité, bien au contraire, elle a quelque chose de naturel, le port de tête fier de celles qui savent ce qu'elles veulent. Elle porte un sweat-shirt bleu clair, un jean et des espadrilles. À son poignet, un bracelet en argent, à ses oreilles, des boucles de gitane. Elle s'arrête un instant, puis s'avance prudemment vers moi, esquissant un sourire : « Vous êtes Juliette ? » Je la remercie d'être venue. Elle m'avoue qu'elle a hésité, de peur d'être piégée par une journaliste. Je l'invite à nous asseoir au fond de la salle, lui confie que ma famille s'oppose à la publication de mon livre, mais que je travaille d'arrache-pied, malgré tout. « Ah ! la famille ! », fait-elle en jouant avec son bracelet. Lorsque je lui demande comment elle a rencontré Dantec, elle balaye du regard les tables voisines, avant de s'épancher, comme ceux qui ont besoin de se libérer d'un fardeau lourd à porter : « Votre oncle, je l'ai rencontré à La Douaisienne. Je travaillais dans ce bar depuis un an, j'en avais vingt-quatre. Les autres filles me jalousaient : avec mes tenues d'écolière, j'étais différente et j'avais du succès auprès des clients. La première fois qu'il est venu, la tête enfouie dans ses épaules voûtées, en imperméable bleu marine, un béret sur le crâne, il s'est présenté sous un faux nom, se disant courtier en livres. M'a souri. Je crois que je lui ai plu tout de suite. Il m'a suivie à l'étage et m'a donné deux mille francs, plus le prix d'une bouteille de champagne. Après, il est souvent revenu chez nous. Jusqu'à trois fois par semaine. Et même tous les jours lorsqu'il rentrait d'un voyage, pour se rattraper. Il arrivait toujours vers dix-huit heures. Si j'étais occupée avec des clients, il m'attendait, se faisait du souci pour moi. Nous allions dans sa chambre préférée, celle qui ouvrait sur le ciel. Il commandait un whisky-coca. Chaque fois, il m'apportait des cadeaux : des fleurs, mon eau de parfum préférée de Guerlain, de la crème pour le corps, des pâtes de fruits ou du chocolat. Il aimait mes petits tailleurs classiques, mes dessous en dentelle blanche. N'a jamais voulu que je le touche, ne m'a jamais pénétrée : il y avait comme une barrière invisible à ne pas dépasser. Dieu sait pourtant s'il était viril, votre oncle, pour soixante-neuf ans ! Il aimait mon corps. À vrai dire, il aimait surtout me regarder. Quand je faisais semblant de jouir en me caressant, il osait alors se satisfaire. Avec lui, je fermais les yeux : je crois que c'est ce qui lui convenait. Il me prenait la main, me contemplait longuement, disait : "J'aime ton visage, j'aime ton sourire, ton sourire si changeant selon que tu es triste ou gaie." Pour lui, j'étais à part. Lorsqu'il me comparait aux autres filles, il riait : "C'est le jour et la nuit". Il me conseillait d'économiser et d'arrêter ce métier : il me croyait suffisamment intelligente pour gagner ma vie autrement.

Nous avions de grandes discussions. Il me posait des questions sur ma vie, sur ma fille que je lui avais montrée en photo, sur mon appartement et mes rêves. Il a même voulu connaître ma recette de bœuf bourguignon. Ça l'épatait que j'ai la patience de cuisiner en rentrant de mon travail. Il aimait que j'aie une famille, que je retrouve mon mari. Nous parlions aussi de politique. Il m'incitait à voter, et à droite ! Il adorait Françoise Hardy, les femmes maigres sans poitrine, et avait en horreur la vulgarité. Il remarquait tout : une nouvelle tenue, un bijou, un rouge à ongles. Ah ! il aimait la Femme. C'était une boule de tendresse. Il me téléphonait très souvent pour me murmurer : "Je t'aime" et prendre de mes nouvelles. » Au bord des larmes, je sais que Loulou dit vrai et que Paul m'a guidée jusqu'à elle pour que j'apprenne enfin la vérité.

« Un soir, poursuit Loulou, il m'a invitée au restaurant et a commandé un plateau de fruits de mer. Il était si heureux ! Nous avons trinqué, son genou frôlait le mien sous la table, et il m'a dit : "Tu es la femme que j'aurais dû épouser." Une fois, il a oublié sa bague de prélat à son doigt et a essayé de la cacher. J'ai ri en douce : je savais déjà qui il était depuis que j'avais vu sa photo en couverture d'un magazine où on le disait futur pape. Et il m'était reconnaissant de ne lui en avoir jamais parlé. »

Je ne peux m'empêcher de sourire en imaginant Paul tentant de dissimuler sa bague dans sa poche ou derrière son dos et lui demande si elle sentait parfois des remords chez lui, une gêne, comme quelqu'un qui doit faire face à un conflit intérieur. Elle se contente de reconnaître qu'il s'excusait de lui prendre son temps et ne parlait jamais de lui. Mes yeux s'embuent et je l'écoute encore et encore, j'ai envie qu'elle devienne mon amie, sûre que Paul admirait son intelligence, son courage, son goût de la vie.

Lorsque j'en viens au jour de sa mort, Loulou pâlit. Quelque temps plus tôt, Paul lui avait déjà donné dix mille francs pour payer l'avocat de son mari en prison – les honoraires s'élevaient à trente mille francs. Cette après-midi-là, il lui en avait promis trois mille, une somme plus importante que d'habitude. Il n'était jamais venu chez elle et se réjouissait qu'elle accepte de partager son univers. Elle se souvient de tout :

– Il a grimpé l'escalier, est entré, a souri, un sourire merveilleux. Puis il a dit : « Qu'est-ce qu'il fait chaud ici ! Ouvre la fenêtre, ma puce. » Quand je me suis retournée, il était blanc comme un linge et il s'est affaissé lentement. Il est tombé à genoux, oui, je crois qu'il est mort à ce moment-là, à genoux. Je l'ai allongé sur le dos pour déboutonner le col de sa chemise mais déjà son cœur avait renoncé. J'ai appelé Police Secours. Je leur ai dit : « Le cardinal Dantec est mort. » J'ai pensé que, comme ça, ils viendraient plus vite. En les attendant, je lui ai fermé les yeux et je crois que je me suis signée, je ne sais plus. Ils sont venus, par vagues : pompiers, Police Secours… Le cardinal avait le teint violet. Ils ont essayé de le réanimer, ont pratiqué le bouche-à-bouche, ont dégrafé sa chemise pour lui faire un massage cardiaque, en vain. Après, ça a été horrible. Le commissaire de l'arrondissement est arrivé, m'a interrogée. J'avais peur qu'on m'accuse de l'avoir tué, j'ai relaté les faits, lui ai dit que j'ignorais l'adresse du cardinal, mais que je savais qu'il avait une sœur dont le mari avocat était décédé il y a peu. Ensuite, des ecclésiastiques sont passés, un vrai défilé. J'étais si affolée que j'ai demandé à une amie de venir et j'ai dû insister pour que la PJ mette les photographes dehors en attendant que Police Secours emporte le corps. Les jours suivants, des hommes des renseignements généraux m'ont ordonné de me taire, me promettant de faire libérer mon mari. J'ai tenu, j'y ai cru. Dieu sait si on m'a proposé des ponts d'or ! Les journalistes me harcelaient. Déguisés en clochards, ils se postaient devant chez moi pour me mitrailler au téléobjectif. Ils ont raconté n'importe quoi. Évidemment, mon mari n'a pas été libéré, mais j'ai continué à me taire. Encore maintenant, je pourrais me faire de l'argent. Je m'y refuse : j'aimais beaucoup votre oncle, il a été si gentil.

– Mourir près de la femme qu'il aimait et qui l'a rendu heureux : la plus belle mort, dis-je. Car il vous aimait, je le sais maintenant.

Loulou se passe la main sur le front, le regard triste : « Ensuite, ce fut encore plus terrible. J'ai tout perdu. J'ai dû déménager. Ma famille a appris que je me prostituais. La patronne de La Douaisienne ne voulait plus de moi. J'avais des traites à payer, des frais d'avocat à régler, ma fille à nourrir, sa nounou à payer. J'ai dû me résoudre à exercer rue Saint-Denis. » Elle lève les yeux vers le plafond : « S'il nous voit toutes les deux, il doit s'amuser ! »

Lentement, Loulou enlève ses lunettes, dévoilant un œil de verre. Il y a seize ans, rue Saint-Denis, un homme a tiré sur elle à bout portant avec un vingt-deux long riffle. Elle a subi quatre opérations, failli mourir. Une lueur d'effroi dans les prunelles, elle raconte : « J'ai eu le courage d'aller au tribunal où j'ai pu regarder mon agresseur droit dans les yeux. J'avais peur qu'il sorte de prison, qu'il recommence. J'étais prête à lui rendre au centuple ce qu'il m'avait fait endurer. Mais face à ce type dans son box, j'ai pensé au père Dantec, et j'ai décidé de ne pas me venger, et surtout d'arrêter mon travail. »

Un ange passe. Loulou en a encore gros sur le cœur et me révèle son parcours chaotique. Un père alcoolique mort quand elle avait douze ans. Une mère remariée à un beau-père qui a essayé plusieurs fois de la violer. Et lorsque celui-ci lui mettait la main aux fesses et la battait, sa mère l'accusait de l'avoir provoqué. Le jour de ses seize ans, elle a quitté la maison. « C'était lui ou moi. » Comme elle n'avait pas un sou, elle volait sa nourriture et piquait de l'argent dans les poches des manteaux d'un bistrot où elle faisait la plonge. Les flics l'ont arrêtée. Placée dans une maison de redressement tenue par des religieuses, elle a dû travailler jusqu'à l'épuisement, obligée de couper des pièces de tissu pour confectionner des tabliers, sous peine d'être fouettée. Le jour où elle s'est révoltée, les sœurs l'ont enfermée dans un cachot, un mois au trou, au pain sec et à l'eau. Une fois libérée, elle a décidé de rentrer dans le rang afin qu'on lui fiche la paix. En secret, l'idée de s'évader a germé. Sœur Thérèse, la surveillante qui l'aimait bien, lui donnait parfois des cachets pour dormir. Un soir, au réfectoire, elle en a jeté trois dans son verre de vin. Dès que la sœur s'est mise à ronfler, elle a fracassé la lucarne du dortoir avec une barre de fer et s'est échappée avec une amie. La gare n'était pas loin, elles sont montées dans le premier train : il allait à Paris. Perdues dans la capitale, elles se sont réfugiées à l'Hôtel-Dieu. Après toutes sortes de petits boulots, Loulou a rencontré Jules Mariani, un beau gars, entouré d'une cour de filles sous sa coupe. Elle s'en fichait, elle l'aimait, elle l'a épousé. Après deux fausses couches, elle a accouché d'une petite fille. Parmi les habitués d'un bar où elle se rendait souvent, elle était fascinée par une prostituée qui arrivait en Mercedes, couverte de bijoux. Elle avait vingt et un an, s'est laissé tenter. Contre l'avis de Jules, elle a commencé à travailler à La Douaisienne. Pendant un mois, elle a pleuré tous les jours. Petit à petit, elle s'est mise à penser à autre chose, à ses courses, à ce qu'elle gagnerait en écartant les jambes pour payer les quinze mille francs de traite par mois en vue de l'achat d'un bistrot avec Jules. Les bons jours, elle se faisait cinq mille francs. Jamais elle ne regardait le visage des poilus, des gros, des maigres qui lui susurraient des saletés à l'oreille. Parmi les clients, un banquier l'a invitée dans le Midi et lui a offert vingt-quatre paires de chaussures et vingt-quatre ensemble, un fétichiste ! Mais le plus dur a été de mettre sa fille en pension.

Les yeux écarquillés, je songe à sa faculté de dédoublement qui suppose une sacrée force de caractère. Le regard de Loulou se voile à la pensée qu'elle n'a pas pris le temps d'élever sa fille qui a fini par se droguer à l'héroïne. Quand elle sort un billet de son porte-monnaie, j'essaie de la retenir, lui demande si elle est heureuse aujourd'hui. Elle éclate de rire : elle a deux hommes dans sa vie, un avocat et un flic à la brigade des Stups, histoire de les mettre en compétition.

Il est dix-huit heures lorsque nous nous séparons, pourtant je n'ai pas vu le temps passer. Elle va retrouver son flic, sortir son petit chien. Je l'embrasse. Elle me pose la main sur l'épaule : « Je suis scorpion, en général, ils s'entendent bien avec les taureaux. » Nous avons aussi eu le temps de parler de ça…

Restée seule, j'ouvre un bloc-notes et remplis dix pages au feutre bleu nuit. Pour moi, pour me souvenir de cette histoire d'amour, cette histoire secrète comme le sont celles qui vous aident à vous endormir pour toujours. Et je le vois, mon cher oncle. À peine est-il rentré de Rome qu'il fonce au bout du couloir, appelle Loulou, s'illumine lorsqu'il entend sa voix, lui susurre un « Je t'aime ». En fin d'après-midi, il sort de son placard un béret qu'il glisse dans sa poche avant de se précipiter vers le métro pour l'enfoncer sur son crâne, attentif à ses moindres gestes, tel un acteur habité par son personnage. À cet instant, il se persuade d'être un courtier en livres, cet autre. Une dame le reconnaît : « Bonjour, mon père. » Il détourne la tête : « Vous faites erreur », dit-il avant de se plonger dans un journal. Il espère que Loulou ne sera pas occupée par un client, qu'on ne lui a pas fait de mal, il a hâte de la serrer dans ses bras. Pourquoi se torturer ? Il faudrait être fou pour se priver de cet amour-là. À Pigalle, elle est là, son petit chien à ses pieds. La 12 est libre. Allez, un whisky-coca comme d'habitude. Il la suit, ouvre la fenêtre. C'est alors qu'il s'aperçoit qu'il a oublié d'enlever sa bague de prélat.

Peut-être a-t-il cru revivre à travers Loulou son premier amour perdu ? Il ne faisait de mal à personne. Ses échappées lui permettaient de reprendre, plein d'énergie, son bâton de pèlerin, mais je suis sûre que, avant de s'assoupir dans sa chambre monacale, il se tournait vers la croix.

Louis lit *L'Équipe* dans le salon. Je ne sais pas s'il comprendra ce qui unissait Loulou à Paul. Pendant le dîner, je lui raconte tout. Il ouvre les bras, radieux: « Dantec était un jouisseur par tous les pores de sa peau, un passionné de pêche au bar, de partie de cartes, de pétanque, de bons plats. Cela ne m'étonne pas. Bravo Juliette, tu as réussi là où tant d'autres se sont cassé les dents. »

Il est tard. Impossible de dormir. Je pense à ce que m'a dit Loulou. Elle se réjouissait que Paul ait aimé un être de chair, un être bien vivant. Elle a dû sentir son extrême solitude et savait que Dieu ne suffit pas à combler un homme. Je suis sûre qu'elle portait un regard plus bienveillant sur celui qui n'osait s'avouer prêtre que sur les autres clients. En atteste sa délicatesse à respecter son silence. J'aime que Paul n'ait pas essayé de la convertir, qu'il l'ait acceptée telle qu'elle était, franche et volontaire. J'aime qu'il soit resté lui-même, sans tout abandonner. « C'était son jardin secret », dit Loulou. Si mon oncle cardinal se permettait d'en avoir un, tout m'est permis ! Je vais appeler Jean-Michel et je braverai la peur qui longtemps m'a rendue étrangère à moi-même. Une peur que Paul a su dépasser, prenant tous les risques. Il faut parfois mentir et transgresser pour être heureux et épargner ceux qui ne sont pas prêts à comprendre vos chemins de traverse. Il y a même une certaine jouissance à faire le mur, que Paul a dû éprouver. Son vœu de chasteté ? Sans doute s'en arrangeait-il, lui qui pensait que le péché était une dépossession, un appel au pardon. Lui qui se précipitait vers l'autel, les cheveux mal peignés, la soutane élimée, lorsqu'il revenait d'une de ses escapades, pour tomber en Dieu, dès que sonnait la cloche.

Je me souviens de notre dernière conversation. J'avais dix-huit ans, j'étais amoureuse de Jean-Michel. Comment aurais-je pu imaginer qu'à l'époque Paul l'était de Loulou ? Demain, je retrouverai Jean-Michel. Il me regardera sourire, je fermerai les yeux et il dira : « Entre Barbara et toi, il n'y a pas photo ! » Là-haut, dans sa robe pourpre, Paul sourira. Et je ne m'en voudrai plus de ce que j'ai vécu, de ce que je vivrai, de ces choses qui ne se font pas.

Loulou m'a confié qu'avant elle il y avait eu Virginie, aussi blonde et menue qu'elle. Mais comment tout a commencé ? Qui fut celle qui le fit chavirer ? J'imagine qu'un soir d'été, après un dîner chez des amis à Montmartre, Paul décide de rentrer à pied chez lui. L'air est frais. Une fille l'aborde. Avec ses taches de rousseur et ses bouclettes, elle a l'air d'avoir dix-huit ans. Sarah porte une petite robe rouge, des talons plats, lui fait un clin d'œil. Son regard a la couleur d'un lac de montagne. Lorsqu'il reprend son chemin, songeant à Marie-Madeleine, elle le hèle : « Allez, viens, chéri, allons boire un verre. » Il hésite, il ne faut pas, on peut le reconnaître, mais ce « chéri » lui va droit au cœur. Devant lui, la porte d'un petit établissement à la lumière bleutée. Il a juste de quoi s'offrir un ballon, entre dans une salle ambiance *Eyes wide shut* éclairée de bougies où Sarah lui tend la main : « Tu as bien fait. À cette heure, on est tranquilles. » Sur des sofas, des filles lascives et veloutées sifflotent, chantonnent, papotent. Il y a si longtemps qu'il n'a pas entendu ces rires cristallins, lui qui aimait entendre le rire de Jésus. Il se sent bien ici, on parle de recettes de cuisine, du quartier qui change trop vite. Sarah lui présente ses amies, la patronne, lui dit que ce soir, la consommation est offerte, qu'il peut revenir quand il veut. Alors, il accepte une coupe, trinque et décrète qu'il doit rentrer. Sur le pas de la porte, Sarah lui glisse ses bras potelés autour du cou. Il n'a jamais senti une telle douceur. Cette nuit-là, il s'endort dans l'odeur vanillée de la fille aux yeux verts.

Le lendemain, à l'idée de passer la soirée seul dans sa chambre, lui vient l'envie de la revoir. Il a tiré un peu d'argent, se rassure en se disant qu'il ne restera pas longtemps. Elle est si belle, Sarah, ce soir d'été, si élégante, si sensuelle avec sa jupe de soie beige, que lorsqu'elle lui propose de monter boire un verre à l'étage, il ne résiste pas. Elle lui demande de l'aider à déboutonner son chemisier. Il n'a jamais fait ça. Une bretelle de soutien-gorge tombe. Il craint qu'elle prenne froid. N'ose descendre la fermeture éclair de sa jupe, préfère contempler ses seins, ses petits pieds, ses ongles violets. « On voit que tu n'as pas l'habitude des femmes », dit-elle.

Lorsqu'il rentre chez lui, il est au ciel. Avant de s'endormir, il songe à ses années de formation. Vingt ans qu'il s'est privé de tout. Alors, il joint les mains et murmure : « Seigneur, l'amour que je ressens ce soir ne peut venir que de vous, puisque vous en êtes l'inépuisable source. Ne m'en veuillez pas, je vous resterai fidèle, je me donnerai d'autant plus à ma mission que j'ai enfin pu jouir d'un avant-goût du paradis. »

21

PENDANT L'ÉTÉ, J'AI TRIMÉ SANS RELÂCHE et je ne suis pas peu fière de mes deux cents premières pages. Un matin, le père Retz m'appelle pour me conseiller d'aller à Boulogne où, paraît-il, parmi les archives des jésuites, se trouveraient quelques lettres de Dantec qui pourraient m'intéresser. Je m'y précipite. À l'entrée d'une maison blanche, un jeune jésuite me conduit vers une bibliothèque. Il attrape deux cartons sur une étagère, les pose à mes pieds. À l'intérieur, des paquets de lettres de Paul à l'encre marine : des mots d'enfant d'une écriture ronde, des lettres à sa mère. Un mois durant, je ne lève plus le nez, attendrie par l'amour exclusif qui les unit.

Je ne m'attendais pas à ce qu'Hector m'appelle dès son retour de Bourgogne. Le temps de relire mes pages, de les imprimer, et je file rue de Seine où je me fraye un passage entre les tables des cafés jusqu'à l'entrée de la maison d'édition. Stylo à la main, il fait glisser ses lunettes sur le bout du nez, me scrute : « Bonjour Juliette, vous avez l'air en forme. Alors, racontez-moi votre rencontre avec Loulou. » Après mon récit, il fixe le plancher, comme s'il cherchait à contenir son impatience, puis m'annonce, goguenard : « On va mitonner une quatrième de couverture racoleuse. Les journalistes mordront à l'hameçon. Racontez tout dans les moindres détails et, surtout, ne vous censurez pas. Dites la vérité, rien que la vérité. Beaucoup vous seront reconnaissants. » Je lui réponds poliment : « Je ne préfère pas, par respect pour Loulou qui m'a fait confiance, pour mon grand-oncle, pour ma famille et ceux qui l'ont aimé. Mais je révèlerai la nature sincère du lien entre Dantec et cette jeune femme, une relation amicale, sans ambiguïté. » Hector ferme un instant les yeux et fait quelques pas en martelant : « Vous avez tort, le récit de Loulou prouve que le père Dantec n'était ni un pervers ni un tordu, mais un homme qui aimait les femmes et ne voulait à aucun prix renoncer à sa vocation. Même les plus dévots seront sensibles à cette révélation qui coupe court aux hypothèses les plus farfelues et ouvre un débat clé. Réfléchissez. Et ne vous souciez pas de l'avis de vos proches. Un écrivain a tous les droits. N'en déplaise aux Pères-la-morale et aux grincheux. » Lorsque je lui remets mon paquet de feuilles, il promet de me lire rapidement avant d'insister : « Si vous voulez un vrai succès, ne craignez pas cette histoire d'amour, elle touchera les cœurs et personne ne vous en voudra. »

Dans la soirée, ma mère m'appelle. Elle vient d'apprendre qu'elle doit être opérée en fin de semaine d'un kyste cancéreux aux ovaires et m'explique calmement qu'il ne faut pas s'alerter : son médecin envisage ensuite quelques séances de chimiothérapie qui devraient venir à bout de cette tumeur maligne. Je l'admire : elle ne se plaint pas, soucieuse de connaître les bilans, afin qu'on ne lui cache rien. Je lui dis que je suis de tout cœur avec elle, que je viendrai la voir dès demain et, bien sûr, à l'hôpital. Quand j'y pense, elle était en pleine forme au mois d'août lorsqu'elle randonnait sur les chemins de l'Atlas. La maladie s'est infiltrée, sournoise et silencieuse. Il y a six mois, sa gynécologue lui avait pourtant assuré que tout allait bien. Pauvre maman, hors de question de lui parler de mon livre, encore moins de Loulou. D'autant que, ces derniers temps, Lucie semble s'être calmée.

Dans l'ombre, je continue à éplucher les lettres de Paul, à compulser les grandes étapes de sa vie. Au Vatican, il a revêtu une soutane de la couleur sang des martyrs. Trente-cinq cardinaux vont être introduits au Collège cardinalice par le pape. Les cloches de Rome sonnent à toute volée. Désormais, on l'appellera Son Éminence le cardinal Dantec. Le rouge lui va si bien qu'il ne peut s'empêcher de se contempler dans un miroir, tel le prélat que Julien Sorel surprend dans *Le Rouge et le Noir*, et de prendre goût aux invitations sur les plateaux de télévision, les studios de radio. Mais ce qui me touche le plus est son *Journal* qui révèle une autre facette de lui, plus sombre : son combat pathétique pour la sainteté. Sans cesse, il se reproche le mal qu'il a fait et le bien qu'il n'a pas su accomplir, s'humiliant avec sévérité. Sans cesse, il se juge, fustigeant son individualisme, son manque d'altruisme, son snobisme, son besoin de plaire, sa sensualité et sa paresse. Par certains traits de caractère, je me retrouve en lui : cette fragilité qui le rend vulnérable, cette tendance à se disperser, ce souci de reconnaissance et cette habitude de prendre des résolutions simples, jamais tenues, comme l'arrêt du tabac, le jeûne. Paul écrit que, dans sa jeunesse, il est tombé amoureux d'une jeune femme, un premier amour brisé par sa mère afin qu'il ne renonce pas à la prêtrise. Il sait déjà que sa vocation engendrera de l'incompréhension et des privations, s'en réjouit, prêt à tendre la main à ceux qui le mépriseront. Dans le silence de la nuit, il fait appel à la Vierge, s'accusant de ses graves manquements à la chasteté. Dieu que les nuits sont longues lorsqu'il est seul face au crucifix et que la chair exulte. Comment faire taire ce désir qui monte ? Au petit matin, dans le ciel clair, lui apparaît la figure de Marie-Madeleine. Son nom viendrait de Magdala, cette ville sur les rives du lac de Tibériade, cité de tourelles dont parle le Talmud. Marie, la Magdaléenne, celle que Jésus délivre des sept démons. La pécheresse reniée, bafouée, la repentante, celle qui oint les pieds de Jésus chez Simon, la dernière tentation, l'amoureuse, celle à qui Jésus dira lorsqu'il lui apparaîtra : *Noli me tangere*, « Ne me touche pas ». Elle a ce visage en extase de celle du Caravage, la chevelure blond vénitien de la pénitente du Titien et ce sourire énigmatique de l'invitée à *La Cène* de Vinci. Paul se réjouit qu'elle soit purifiée de ses péchés par la mort. Dès lors, il se sent libéré d'une épuisante dualité. L'esprit d'enfance lui revient.

Hector veut que je passe à son bureau cette après-midi à seize heures. Je me glace, comme s'il allait m'annoncer le résultat d'un examen.

Cigare au bec, il me pose la main sur l'épaule en souffletant : « Je vous félicite. C'est du bon travail, même si les premiers chapitres mériteraient d'être allégés : trop de détails et d'anecdotes inutiles. En réalité, votre livre manque, comment dire, de suspense, de mystère. Vous êtes trop consciencieuse, prenez des libertés. Dites-nous ce que vous ressentez. Au lieu d'un récit un peu sage qui risque d'ennuyer, préférez l'aventure, comme une chevauchée où un mot en appelle un autre. Libérez-vous de votre peur de blesser, et surtout, pensez au lecteur : il est avide d'émotion, de plaisir. En un mot, faites de cette biographie un roman ! Mieux encore, un roman à scandale. » J'ai envie de fuir. Hector balance la tête : « Ce ne sont là que des pistes. Vous ferez ce que vous voulez, bien sûr. » Je serre ses mains dégoulinantes de sueur et traverse la courette où un tas d'immondices a été déversé.

La pluie ruisselle sur le pavé de la rue d'Assas. Malgré l'opération, le cancer de maman a gagné le péritoine. Entre deux séances de chimio, je lui rends visite plusieurs fois par semaine, lui apporte ce dont elle a besoin, mais elle est si faible, si désespérée que je ne sais comment l'aider. Jeudi dernier, je l'ai enregistrée sur mon magnétophone. Elle m'a parlé de son adolescence pendant la guerre, de sa peur lorsque des bombes tombaient et qu'elle devait se réfugier dans la cave, de Marcel arrêté pour résistance et prisonnier à Drancy, de cette femme qui partageait sa chambre dans une clinique et lui avait raconté ce qu'elle avait vécu dans les camps de la mort. Elle m'a ensuite demandé ce que je faisais de mes journées, me soupçonnant, peut-être depuis le début, de poursuivre la rédaction de mon livre. Je lui ai répondu que j'étais très occupée par les enfants, que Camille m'a fait entrer dans un club de femmes d'affaires. Avant de la quitter, j'ai profité qu'elle soit dans la salle de bain pour lui piquer sur une étagère un livre épuisé de Dantec.

22

UN MATIN, PRÈS DE LA LIBRAIRIE LA HUNE, j'aperçois Yann au kiosque à journaux. Les cheveux aussi gris que son pardessus, il a l'air tellement déprimé que je vais vers lui. Après tout, je lui dois de m'avoir encouragée à me lancer dans l'aventure. « Juliette, tu avais disparu ? », dit-il en saisissant *Le Monde*. Lorsqu'il me propose de prendre un café aux Deux Magots, je me laisse tenter. Un petit noir et je lui demande, à la dérobée, s'il connaît tante Lucie. « Que devient cette vieille teigne ? Je ne l'ai pas revue depuis des lustres. » Je lui explique qu'elle s'acharne contre mon livre. Yann se frotte nerveusement les mains, marmonne : « Elle cause, elle cause, mais elle n'est pas méchante. Ne te laisse pas impressionner par ce monstre de papier. Trace ton chemin. » Sans lui révéler les confidences de Loulou, je lui fais jurer de ne parler de mon travail à personne. « Je n'en avais pas l'intention, je sais ce que c'est », répond-il avant de se plaindre à nouveau de la corruption de la presse, de la censure, et de dénoncer les livres écrits par des nègres, bourrés de fautes de syntaxe, que publient des hommes politiques, après avoir touché des à-valoir honteux. Il s'en prend ensuite aux listes des meilleures ventes qui seraient évidemment biaisées. Bref, à ce système de mafieux. « Le pire, pour un auteur, est le silence de la critique », lâche-t-il avec amertume. Il sait de quoi il parle puisque je n'ai vu qu'un article sur *L'Amour sauvage* dans *Valeurs actuelles.* « Les vrais écrivains, poursuit-il, on les reconnaît à leur petite musique, au rythme des battements du cœur. » En posant son verre, il cite Flaubert : *On n'arrive au style qu'avec un labeur atroce, avec une opiniâtreté fanatique et dévouée.*

Mon passage sur la réception de Paul à l'Académie française mériterait plus de mise en scène, mais je ne toucherai plus au dernier chapitre. Grâce aux corrections du père Retz, mon texte est étayé de références et de citations. Hector sera satisfait. Si je tiens le rythme, je remettrai la version finale en février. Parfois, j'ai l'impression de frôler le précipice tant je crains les représailles de la famille. Après cela, je serai prête à commencer un vrai roman. Personne ne se souviendra de moi si je n'écris pas, et mon nom ne figurera qu'au bas d'un arbre généalogique.

Au musée d'Orsay, Laura a trouvé très laide *L'Origine du monde* de Courbet et a préféré *La Nuit étoilée*, de Van Gogh. Je viens de finir *L'Humanité perdue* d'Alain Finkielkraut. Trop pessimiste, je préfère la joie d'oncle Paul.

Un saut chez le fleuriste, où j'achète des pivoines, et un autre chez Bertillon pour offrir à maman la fameuse glace aux marrons dont elle raffole, et je me dirige vers la rue Le Regrattier. Dans la courette qui donne sur son appartement, les rosiers ont gelé, la bruyère a séché. Au salon, des lampes éclairent les murs de pierre, les canapés de cuir noir hérités de ma grand-mère et deux de ses épagneuls en porcelaine nichés dans un recoin. Devant un feu de bois, ma mère épluche du courrier, jetant aux flammes des enveloppes et de la publicité. « Tiens, fait-elle, j'ai reçu une lettre de Solange Dumontel. Elle vient de perdre son second mari. Il faudra que je lui réponde, mais je n'en ai pas la force. » Je me garde de lui dire que j'ai revu Jean-Michel depuis son retour d'Afrique et qu'il m'a emmenée dans sa cabane au bord de la Seine où nous avons taquiné la truite. Lorsque je lui offre le bouquet et le sorbet, elle me remercie : « Tu es gentille, mais avec mes nausées, leur parfum m'étourdit. Mets la glace dans le congélateur, je la donnerai à tes enfants. Ils pourraient venir me voir plus souvent, tout de même. » Je lui rappelle qu'Alexandre est pensionnaire, que Laura monte à cheval le mercredi, qu'Aurélien est en classe de neige. Elle attrape une pince, entasse les bûches, me reproche de manquer d'autorité, de les gâter. Je propose un thé, elle se recroqueville sur le canapé, l'œil orageux :

– Lucie m'a appris que tu t'obstinais à écrire ton livre.

– Qui lui a dit ça ?

– Elle est encore invitée à des cocktails : tout se sait à Paris.

– Elle prêche le faux…

– Pas du tout. Elle est plus informée que tu ne crois. Figure-toi qu'elle est très liée à un de tes amis, un écrivain breton sur la touche.

Je fonce me réfugier à la cuisine pour masquer le feu qui me monte aux joues. Yann ! Le traître ! À peine ai-je eu le dos tourné qu'il s'est empressé de cafter. Si ça se trouve, c'est lui qui a encouragé Lucie à colporter des ragots sur moi. Alors qu'il se disait mon ami, il s'est vengé, par dépit, par jalousie, que sais-je, toujours est-il que cette association de malfaiteurs a voulu ma peau. Maman s'est alitée. Dès que j'entre dans sa chambre, elle me jette un air suspicieux:

– Qu'est-ce que tu fabriquais? Je n'avais pas fini: Lucie a décidé de lancer une procédure juridique afin qu'à parution ton livre soit retiré de la vente par un référé.

– Elle ne va quand même pas me faire ça!

Des images surgissent: mes livres au pilon, broyés par une machine infernale. Ma mère se redresse. Son regard s'affole: « Le docteur pense que j'ai un nodule à l'estomac. Si c'est vrai, ce serait mauvais signe. Je ne veux pas retourner à l'hôpital, j'ai envie de planter des oignons de tulipes, de me promener en forêt, de recevoir mes vieilles amies et de profiter de mes petits-enfants. Je n'ai plus l'énergie de me battre, je ne veux pas penser à demain, je veux tenir, tenir. Mais chaque geste me coûte: me lever, ranger, préparer les repas… » Je lui prends la main, sa main si fine, bullée de soleil, lui dis que les médecins la sauveront, que nous ferons tous ensemble un voyage au Kenya ou en Égypte. Elle me regarde longuement et poursuit d'une voix tremblante:

– Il faudra que tu me rendes mes livres, que tu me promettes d'arrêter d'écrire. Je vis mes derniers mois et tu es en train de me les gâcher. Tu ne tiens pas compte de ce que je dis. Ah! je me sens si mal.

– Tu veux un calmant?

– Non, non, je suis sous morphine.

– Je suis là, maman. Sois tranquille.

Une bouillotte électrique sur le ventre, ma mère ferme les yeux. Ce soir, une de ses amies lui tiendra compagnie; demain, nous nous relaierons avec mes frères et sœurs. Au moment où je me penche pour l'embrasser, elle s'agite et revient sur ce qui la mine :

– Juliette, tu es la seule de mes enfants à me causer tant de soucis. Tu ne vois donc pas la gravité de mon état ? Si je rechute, c'est à cause de toi.

– À cause de moi ? Tu te rends compte de ce que tu dis ?

Les larmes aux yeux, je file vers la salle de bain où je crache face à mon reflet : « Tu n'as pas le droit de m'accuser, maman ! » Quelques instants plus tard, je m'en retourne à son chevet, caresse son front et l'embrasse. D'une voix qui vient de loin, elle murmure : « Je t'aime ».

Dans la rue, je ne sais pourquoi, j'éprouve la même honte que lorsque Gregor avait saccagé mon adaptation du *Rouge et le Noir*. À la pensée qu'oncle Paul menait, lui aussi, une vie souterraine et ne semblait pas s'en culpabiliser, quelque chose se dilate alors dans mes poumons, cette part que personne ne pourra me soustraire.

Louis a acheté des huîtres. Il me sert un verre de sylvaner, me réconforte : « N'attends rien de ta mère. Elle ne voit pas que ce livre est essentiel pour toi. Tu serais la première déçue si tu renonçais. Et tu as un contrat. Il y a quelque chose de malsain, d'obsessionnel chez elle, de la jalousie aussi. »

Je serre sur ma poitrine la grosse enveloppe qui contient mon manuscrit et je glisse, sous la pluie, vers la rue de Seine. À l'entrée de la maison d'édition, Hector déballe des cartons :

– Bonjour, ma chère ! Regardez : on vient de livrer notre pamphlet contre Chirac. On va en entendre parler, croyez-moi !

Je lui confie ma dernière version. Il plastronne :

– Eh bien dites-donc, il fait son poids ! Six cent pages ? Il va falloir couper. Enfin, nous verrons cela. J'espère que vous vous êtes décidée à ne rien cacher.

Je fais non de la tête. Il se cabre :

– Mais enfin, pourquoi faire l'autruche ? La vérité permet d'éviter les interprétations. Si vous la fuyez, vous passerez pour une naïve auprès des journalistes.

– Vous pensez sûrement que le livre se vendra mieux et vous avez raison, mais je ne peux pas écrire ce que je ne sens pas. Je ne veux faire souffrir personne et surtout pas les miens. Ils sont très remontés, vous le savez.

– Revenez dans huit jours, même jour, même heure, je vous dirai ce que je pense de l'ensemble de votre texte, déclare-t-il en mâchant son cigarillo.

Dehors, le ciel est noir comme le fond du fait-tout que j'ai encore brûlé hier soir, en oubliant sur le feu ma blanquette de veau. Devant le Café de la Mairie, j'aperçois Yann attablé avec une femme bien enveloppée – la fameuse maîtresse de *L'Amour sauvage* ? Je change de trottoir.

Le lundi suivant, persuadée qu'Hector s'est raisonné, que mon livre sortira en octobre, la période de parution des essais, j'ai prévu une dédicace à la Sagan : *Avec toute ma sympathie*. La maison d'édition n'ayant pas d'attachée de presse, j'espère que Camille m'aidera : elle connaît des journalistes au *Figaro* et à *Paris Match*. Je me vois déjà invitée chez des libraires dans tous les coins de France, traduite à l'étranger. Oncle Paul réhabilité, la famille ne m'en voudra plus.

Un camion bloque la rue Mazarine. Des automobilistes klaxonnent. Un moustachu ouvre la portière de sa Simca, gueule: « Vous ne pourriez pas travailler la nuit au lieu d'emmerder les gens ! » Trois marches et je suis dans le bureau d'Hector. Sa chemise lui colle à la peau, laissant apparaître les poils luisants de son torse. Il s'éponge le front d'un revers de la main. « J'ai tout lu. Vous avez fourni du bon matériel, même s'il y a encore du travail. En revanche, je crois que nous n'arrivons pas à nous comprendre. Il faut rendre ce livre plus croustillant, qu'on sente que Dantec est livré à ses démons. Par exemple, lorsque vous dites qu'il était habillé le jour de sa mort, c'est ridicule, cela fera sourire. Je pense réellement qu'ainsi construit votre livre n'est pas publiable. Nous avons des personnes qui savent faire ça. Ne le prenez pas mal. Je connais un écrivain professionnel qui a une bonne plume. Apportez-moi vos disquettes, il va pouvoir s'atteler à la tâche. Dans deux mois, vous me remercierez. » Tout se brouille. Le corbeau ricane sur la lucarne. Le sol se dérobe sous mes pieds. Je veux tout tenter, tant qu'il est encore temps : « Maintenant que le livre est fini, vous changez d'avis. J'avoue que je suis déçue, très déçue. Je suis prête à faire les corrections nécessaires, à suivre point par point vos consignes. Permettez-moi au moins de rencontrer ce professionnel. Nous pourrions peut-être travailler ensemble. » Hector tire une bouffée de cigare et souffle, pontifiant : « Je ne préfère pas. Je connais mon métier : simple formalité. Faites-moi confiance. »

Sur le palier, la femme en noir me guette. Si c'était elle l'éminence grise qui soumet Hector à ses désirs ?

Une bise glaciale traverse la place Saint-Sulpice. Les mains gelées, je peine à sècher mes larmes et je grimpe vers l'appartement. Devant mon ordinateur, j'ouvre mon texte et me mets à le charcuter avec rage, sabrant les vingt premières pages, prête à reprendre le passage sur la mort de Dantec. C'est alors que je me souviens de cette force de destruction contre laquelle il m'avait mise en garde, celle que je connais si bien, celle qui m'empêche d'aller jusqu'au bout, celle qui m'a longtemps fait croire que j'étais coupable d'avoir tué mon enfant. Non, je ne saborderai pas ce que j'ai de plus précieux. Je sauverai le bébé, avec l'eau du bain. J'espère qu'il n'est pas trop tard. Je vais appeler Hector et, cette fois, je serai ferme : je ne veux pas être dépossédée de mon livre. Je ne veux pas qu'il soit réécrit, je ne veux pas d'un ouvrage formaté. Camille m'aidera à trouver un autre éditeur, elle est si introduite, toujours une longueur d'avance sur moi.

Et si je changeais le titre. Si je reprenais ce mot d'oncle Paul. Ce serait plutôt pas mal : Que tout soit pardonné.

Composé par Nord Compo Multimédia
7, rue de Fives, 59650 Villeneuve-d'Ascq

✵

Achevé d'imprimer
sur Roto-Page
par l'Imprimerie Floch
à Mayenne,
en mai 2019.

✵

Dépôt légal
juin 2019.
Numéro d'imprimeur
94376

Imprimé en France